まわりに気を使いすぎなあなたが

自分のために生きられる本

Ryota

KADOKAWA

はじめに
この本を生き方に悩むすべてのＨＳＰさんへ。

はじめまして、ＨＳＰ専門のアドバイザーとして活動をしているRyotaです。

ＨＳＰ（Highly Sensitive Person）とは、アメリカの心理学者エレイン・Ｎ・アーロン博士が提唱した昔からある概念です。生まれつき繊細で、刺激に敏感な気質を持った人たちのことです。「敏感すぎる人」「繊細さん」と称されることも多いですが、**本書では親しみを込めて「さん」をつけ、「ＨＳＰさん」と呼ぶことにします。**

最近では日本でもＨＳＰへの認識が進み、メディアなどで取り上げられる機会も増えています。でも、**まだまだＨＳＰについて知らない方が多く、「過度の不安症」「働くのに向いていない人」「病気」といった誤解や、ネガティブなイメージが先行しているように感じています。**

私自身も、ＨＳＰの診断テストで高得点をマークする、強度のＨＳＰです。当事者ですから、皆さんの悩みがよくわかります。

自分がＨＳＰだとわかったときは、「ここまで自分に当てはまる概念があるんだ」と驚きました。自分に関するパズルのピースが１つみつかったという感覚で、新鮮だったんです。

「95パーセントの人は自分のことを理解していると思っているが、実際には10～15パーセントしか理解していない」と言った心理学者がいました。まさにそのとおりで、「自分も自分のことを知っているつもりでいただけなんだ」と気づいたんです。

私は、同じようなＨＳＰさんのお役に立ちたいと思い、メルマガ形式の相談や、ＨＳＰの情報提供サービス「ＨＳＰの教科書」を立ち上げました。この原稿を書いている現在（２０２１年４月）、１０００名を超える方が登録されています。そして毎週20～30通ほど、人生経験と心理学とを元にして、ＨＳＰさんのご相談に対してアドバイスしています。

また、YouTube「ココヨワチャンネル」（心が疲れている、弱っている人を助けたいとの思いから、「ココヨワ」という名前を付けました）やインスタグラムといったSNSでの発信、スタンドエフエムを中心とした活動を通して、毎日100通ほどのコメントが届きます。**これまで、1000名以上のHSPさんのご相談にお答えしてきました。**

「どうして他人の機嫌ばかりうかがってしまうのだろう」
「頼まれると断れない」
「寝る前の1人反省会が終わらない」

例を挙げればキリがありません。なかには、

「自分らしく生きたい。でも自分らしさがわからない」

と、生き方について深い悩みを抱えている方も少なくありません。

最近の研究で、HSPは良くも悪くも環境に影響されやすい、ということがわかっ

ています。つまり、環境次第で前向きな気持ちになれ、情緒も安定し、生き生きと暮らすこともできるのです。

「刺激に対しての揺れ幅が大きい」と思えば、わかりやすいでしょうか。詳しくは本文に譲りますが、HSPとは、繊細さがあり、その上にさまざまな悩みや喜びが組み合わさった状態なのです。

HSPは、生きづらさにつながるものではありません。**HSPとは、環境感受性の高い人で、簡単にいえば「気づきやすい人」なんです。**同じ「気づきやすい」でも、ネガティブなこと、いやなこと、悲しいことに気づくよりも、ポジティブなこと、楽しいこと、笑えることに気づけるほうが幸せだと思いませんか？

私もこれまで、ネガティブなことばかり気になり、さまざまなことに悩んできました。

会社に勤めても1年間に4回も転職。働きすぎでドクターストップをかけられた経験もあります。人間関係では何かと行動を否定され、「お前はダメだ」と面と向かって言われたこともあります。また、アパート暮らしでは2階の住人の些細な物音も気になり、常に寝不足でした。

ＨＳＰさんは、さまざまなことに気づいてしまい、環境に影響されやすいため、音やにおいなどの物理的な刺激だけでなく、他人にも左右され、ヘトヘトになってしまいます。

一度、ご自身の環境を見直してみましょう。

- 否定的な人に囲まれている
- やりたいことができない
- 自分の意思で進路を選ばなかった
- 威圧的な人ばかりで、自分の意見を言うのが怖い
- 家族関係が悪い
- 自分を変えようと、無理して苦手な場所で苦しんでいる
- 騒音問題があり、落ち着いて暮らせる場所ではない

こんな状態では、良い影響は受けられません。否定的な人に囲まれているような環境だと、あなたの大切な時間やお金を奪われる結果になります。

やりたいことを我慢して、世間や見栄のために努力していると、いつも悔しさやモヤモヤを抱えた状態になります。

でもたとえば、次のような状態だったらどうでしょう。

- いつもほめられる、肯定される
- 家族関係が良好。味方になってくれる
- 自分のやりたい道で努力している
- 自分の得意を活かしている
- きれいな景色の、静かで穏やかな環境で暮らしている
- 相談できる人や相談場所が豊富にある

もしこうだったら、毎日が楽しくて仕方ないでしょう。すれ違った人が笑っていたとしても「自分のことを笑ったのかな」とモヤモヤせず、「きっといいことがあったんだろうな」と、肯定的にとらえられるようになります。

私自身、自分がＨＳＰであることを認め、自分らしい生き方を始めてから、人生が

変わりました。

仕事そのものは、1人でコツコツ真面目にできるため、思いきって会社を辞めて独立しました。残業の押しつけや、つまらないマウント合戦から抜け出すことができました。

人間関係は最小限を心がけました。「苦手だな」と思った人は、その場限りの関係で終わらせるようにしました。行列や満員電車など、刺激の多い場所も極力避けるようにしています。

その結果、心に余裕が生まれたため、道端の雑草に花が咲いている程度のことでも、うれしさを感じられるようになりました。

生き方を変えてからは、毎日が楽しくて仕方ありません。そう、**HSPさんは、努力の方向性と環境を変えるだけで、よほど生きやすくなるんです。**

大切なのは、あなたにとって良い環境を選ぶこと。多少の困難があっても、それがあなたの未来のためなら、モチベーションを保てるでしょう。

そして、その**「気づきやすい」という気質をプラスの方向に活かし、「自分らしさ」をみつけ、自分のために生きてほしいのです。**

実は、相談者の皆さんから、「ＨＳＰのことを書籍にしてくれませんか」というご要望をたくさんいただいてきました。本だと情報がまとまっているため、読みやすいし安心する、というお声もあり、今回の出版に至りました。

この本では、私自身の体験談とアドバイザーとしての経験から、できるだけ具体的にＨＳＰさんの生き方に役立つ情報をお届けします。

１人でも多くのＨＳＰさんが笑って幸せに暮らせるよう、心を込めて書きました。ぜひお読みいただければと思います。

Ryota

もくじ

第1章
HSPは病気じゃない。頑張っても治らない。でもそれでいい

第2章 HSPさんの悩みを解く6つのカギ

第3章 仕事・恋愛・学校… 社会で生き抜くためのアドバイス

HSPさんの悩み【仕事編】

第4章 HSPさんがラクになれる20の生活習慣

第5章 ほかでもない、自分自身の幸せな未来を築くために

第1章

ＨＳＰは病気じゃない。頑張っても治らない。でもそれでいい

もしかして、あなたもHSPさん？
——1分でできるHSPチェックリスト

HSPさんにはどのような特徴があるか、気になりますよね。

ここに、私がHSPさんの共通点・性格傾向から作成したチェックリストを載せてみました。**毎日100通以上、HSPさんからのコメントが届きますので、そうした情報を基にしてつくったものです。**

各項目を、素直な気持ちで簡単にお答えください。心当たりがあれば「はい」、心当たりがない、あるいはあまり心当たりがないのなら「いいえ」と答えてください。

1. 人の機嫌を気にして思うように発言できない
2. 音や光が気になる
3. 親しい人とでも長時間一緒にいると疲れる
4. メールやLINEを送信する際に30分ほど文章を考えてしまう

5 ネガティブなニュースを見ると1日中気持ちが沈んでしまう

6 人と話しているときに風景や周囲の人が気になり会話に集中できない

7 何かをする前に深く考え込んでしまう

8 空気を読みすぎて空回りしてしまう

9 他人の意見のほうが優れている、正しいと思う

10 人を助ける良心的な仕事、活動をしたいと思う

11 些細なミスをいつまでも覚えていて自分を責める

12 人に見られていると実力を発揮できない

13 たくさんの指示、指摘があるといや気がさす

14 協調性、平等さを大切に思う

15 小説を読むと映像が生き生きと頭に浮かぶ

16 カフェインや添加物の影響を受けやすい

17 その場の空気をよくするためにいやなことも引き受けてしまう

18 四季の変化に感動し、小さなことにも感謝できる

以上の内容に10項目以上該当すれば、HSPでしょう。ただしHSPさんはそれぞ

れ特徴が違います。該当項目が3つ程度だったとしても、実生活で深く悩むほど深刻であれば、HSP気質を持っている可能性があります。

HSPだと気づくまで、社会不適合だと苦しんだ私

私が自分のことをHSPだと判断したのは、20代後半。たまたまツイッターのフォロワーさんがHSPについてツイートをしており、「私もそうなのでは？」と感じたのがきっかけでした。

インターネットでHSP診断テストを試してみると、どのテストでも強度のHSPという結果です。「私はHSPなんだ……」とわかりました。

ざっくりまとめると、HSPさんとは「気づきやすい性格の人」です。

相手の表情を見て機嫌を察してしまう。嫌われないように相手に合わせた行動をしてしまう。見栄や世間体を優先して進路を決めてしまう。

私にも心当たりがたくさんありました。

私が最も苦しんだのは、仕事です。

最初の仕事は、結婚式場でのブライダルカメラマンでした。私は音楽大学に通っていたため、癒し系音楽の作曲や心理学（主にジェンダーについて）を受講し、芸術の学位を取得しました。結婚式場の仕事を選んだ理由は、大学で学んだことを、華やかな仕事、人を助ける仕事で活かしたい気持ちが強かったためです。

結果は大失敗。朝6時半から夜0時まで働く日が続き、心身ともに不調となり、うつ状態になりました。しかし、「辞めると仕事を教えてくれた先輩に申し訳ない」「友達からバカにされるのでは」という気持ちも強く、退職できませんでした。

その後1か月ほどで体中に発疹が出て、ドクターストップ。退職することになりました。

続いて、病院の設立などに携わる地元の一流企業に入社します。高校ではビジネス系の教科を学んでいたため、「事務仕事・デザインスキルが役に立つのでは？」と考えたのです。

この企業では、古い体質と電話対応に苦しめられました。新入社員の教育係が外出がちでほぼ不在で、仕事のない状態が続きます。電話対応も「誰に何を伝えればいいいか」という基本的なことができず、電話が鳴るだけで動悸が激しくなる状態になりました。

結局、試用期間の3か月で退職。この頃から、「私は社会不適合者なのかな?」と考えるようになります。**生きる価値についても真剣に悩みました。**

友人たちも、「いやなことから逃げているだけだろ?」と私を責めるようになりました。客観的に見ればそう判断されてもしかたない、と思っていました。

自分にできることをみつける

相談相手もいない私は、頭を抱えて悩みました。「私には何ができるんだろう?」「とりあえず長続きする仕事はなんだろう?」。そこで私が決めたことは、次の3つです。

- **自分の強みを活かそう**
- **皆と同じ生き方ではなく、違う生き方をしよう**
- **学歴や経験に縛られないようにしよう**

自分の強みとは何か——私は物事を始めることと、それを続けることが得意です。

中学時代から独学で始めた作曲は、何年も継続しました。高校時代には、専門学校主催の作曲コンテストで最優秀賞を受賞した経験があります。

そうした自分の強みを分析し、仕事に役立てようと考えました。

一時的に正社員の道を外れ、仕事を体験することにしました。まず派遣会社に登録。華やかな業界ではなく、同じ作業を淡々と続ける業界を体験しました。それが工場です。３か月ほど大手菓子メーカーでポテトチップスの製造の仕事をしてみましたが、それまでの会社ほど気疲れはありませんでした。

その後、地元の製薬工場に入社。10年ほど医薬品を製造してきました。しかし、組織で働き続ける不安が強かったため、「いつか独立しよう」という気持ちがありました。

働きつつ個人の仕事をする、パラレルワークという働き方を実践。現在は独立し、心理系の仕事中心に生計を立てています。

人は変化を怖がります。つらい仕事を辞めるより、耐えることを考えてしまうのです。これが大きな間違いです。耐えられないこと、苦しくてたまらないことは、やめてしまってもいいんです。

私は、働き方を自分らしく変えていきました。ストレスの低いことを優先して行うことで、つらい人生を楽しくすることができたのです。

HSPさんは、「社会に適応できないのは自分の責任」と考えます。でもそうではありません。**「環境を変える」という選択肢があることを知ってください。**つらいことを耐える、あるいは無理して自分自身を変える、無理して合わせるのではなく、自分に合った環境をつくれるよう努力してみてください。

そのためには、自分を知ることから始めましょう。何が苦手で何が得意なのか、どんなことに繊細なのかを知ることが必要です。

好奇心旺盛、社交的…実はそんな人もＨＳＰさん！

たとえば、ＨＳＰさんのなかには、「ＨＳＰの特徴に該当しているけど人が好き」「ジェットコースターなど刺激の強いことも好き」という方がいます。

そんな方は社交的な「ＨＳＥ（Highly Sensitive Extroversion）」、刺激追求型の「ＨＳＳ型（High Sensation Seeking）ＨＳＰ」かもしれません。**実はＨＳＰには大きく4つの種類があるんです。**

- ＨＳＰ
- ＨＳＳ型ＨＳＰ
- ＨＳＥ
- ＨＳＳ型ＨＳＥ

の４つです。

ＨＳＰの分類は繊細さ、刺激への好奇心、社交性の３つの点数の組み合わせで考えます。ロールプレイングゲーム（ＲＰＧ）を想像してください。ＲＰＧのキャラクターの個性は、攻撃力や防御力など、能力の組み合わせで表現されますよね。これと同じです。

たとえば社交的なＨＳＰさんは、人と関わる仕事でも活躍できるでしょう。でも繊細な気質は持っています。あまりに人との関わりを増やしてしまうと、気疲れしてヘトヘト。人に優しくしすぎて、自分のことを後回しにする傾向もあります。

点数でＨＳＰを考えると、「すごく繊細だけど社交的」という方もいれば、「繊細だけど刺激は大好き。でも社交性はない」という方もいることがわかります。

巻末（Ｐ195～201）に各タイプの簡易診断テストがありますので、気になる方はチェックしてみてください。

HSS型HSP

HSP

HSS型HSE

HSE

それでは、ＨＳＰの各分類について簡単にお話ししていきましょう（ただしＨＳＰ、ＨＳＳ型、ＨＳＥの違いは、ＨＳＰと非ＨＳＰの違いほど大きくありません）。

刺激追求型のＨＳＳ型ＨＳＰ

ＨＳＳとは、High Sensation Seeking（刺激追求型）の頭文字を取ったもので、刺激に関する好奇心が強い方たちのことです。ＨＳＰのおよそ３割がＨＳＳ型といわれていますが、実際にはもっと多くの方が刺激への好奇心をお持ちです。

私がインスタグラムで６２８名のＨＳＰさんにアンケートをしたところ、63パーセントの方がＨＳＳ型だという結果が出ました（刺激への好奇心も個人差があります）。

ＨＳＳ型ＨＳＰさんは、冒険者のような心を持っています。好奇心旺盛で飽き性。最先端のものにワクワクして、恋愛にも積極的。物事を楽しもうとする姿勢がありま す。

ＨＳＰさんは本来、繊細で臆病、慎重な部分を持っていますが、ＨＳＳ型ＨＳＰさんは好奇心で繊細さを忘れます。考える前に行動してしまうのです。その行動が自己表現の一種になっているんですね。

これまで私が出会ったHSS型HSPさんは、次のような特徴を持っていました。

- 海外旅行が好き
- 複数の仕事に取り組んでいる（正社員にこだわらない）
- 会いたい人がいれば10時間かけてでも会いに行く
- 天才肌、変わっていると言われる（本人も自覚している）
- 飽き性で、仕事や恋愛が長く続かない
- 刺激のない場所にいると燃え尽きたように疲れてしまう
- 包容力がある。人の意見を否定せず面白く考えてくれる

HSPさんとHSS型HSPさんは、悩みの質が違います。後者は刺激の少ない仕事より、転勤や海外勤務など外出の多い仕事を好みます。また、人とは発想が違うため、人にわかってもらえないという悩みがあります。

しかし、積極的に行動し、人生を楽しもうとする特徴は強みとなり、目がキラキラした魅力あふれる方が多いです。

社交的なＨＳＥとＨＳＳ型ＨＳＥ

ＨＳＥ：Highly Sensitive Extroversion（繊細性を持つ外向型）は、心理療法士のジャクリーン・ストリックランド氏が提唱しました。ジャクリーン氏は、「はじめに」で紹介したアーロン博士と一緒にＨＳＰの問題に取り組んでいます。

ＨＳＰが内向型なのに対し、ＨＳＥは外向型です。人と一緒にいることでエネルギーを回復するタイプで、１人で考え込むとイライラしてしまい、燃え尽きたかのように行動できなくなります。悩みが深いときは誰かと話したい、と思う特徴があります。

私がYouTubeやインスタグラムでＨＳＥについて発信したところ、多くの人に共感されました。ＨＳＰさんのなかには、「内向的な面があるけど、人と関わりたくないわけじゃない。リーダー的な役割もしている」という方が、多数いらっしゃいました。

ＨＳＥは外向型ですが、繊細さも持ち合わせています。慎重に物事を考えますし、人からの期待が強いとプレッシャーで押しつぶされてしまう傾向があります。

ＨＳＰ、ＨＳＳ型ＨＳＰ、ＨＳＥの皆さんに定期的にアンケートをしてわかったＨＳＥさんの特徴は、次のとおりです。

- リーダー的役割、学級委員長等を経験したことがある
- 自分で人を集める企画をする
- 人と一緒に物事をつくり上げることが好き
- 人の話を聞けるし、自分の話をすることもできる
- 人に相談したいと思う
- 大勢と関わることで疲れてしまい、その場から逃げたくなる
- 若い頃は交友関係を広げるが、徐々に深い関係を好むようになる

また、HSEさんのほとんどがHSS型を持っています。刺激に対して好奇心旺盛で社交的なタイプとなります。

こう話すと、「それってHSPじゃないよね？」と思われるかもしれませんが、決してそうではありません。繊細な気質を持っているため、人一倍疲れるのです。

HSPさんにとって最も大きな刺激は、「人」です。人との関わりを好むHSEさん、HSS型HSEさんは、燃料の少ないスポーツカーのように常に全力疾走する人だといえるでしょう。HSPさんのなかでも、特に気疲れの激しいタイプになります。

ＨＳＰさんの性格傾向

ＨＳＰは「気質」です。気質とは、性格の基となる「刺激などに対する動物の行動特性」のことで、先天的なものです。ＨＳＰを病気だと考えている方がいらっしゃいますが、病気ではないのです。刺激に対して、脳の一部が過敏に働いてしまう性質なのです。

たとえば、背の高さや背の低さ、内気な性格は病気ではありませんよね。大きな音に驚きやすいのも病気とはいえません。ＨＳＰは、個性・性格の仲間だと考えてください。

ここで少し、性格のことについてお話ししたいと思います。

私たちはそれぞれ性格が違います。生まれつき刺激に敏感といっても、刺激をポジティブにとらえることもできます。たとえば、四季の変化や空の青さに気づいて感動できるのは、幸せなことです。しかし同時に、**ＨＳＰさんは生きづらさを感じている**

方がとても多いんです。

その理由は、HSP気質と成長過程にあります。性格を考える上で重要なのが、家庭環境と教育課程です。親が威圧的、支配的だと、親を怒らせたくないので従順になります。環境的に悪影響といえるでしょう。

成長過程では、日本の教育環境が大きく影響します。日本の教育は主に、競争社会で点数による優劣を判断しますので、HSPさんは真面目に勉強して上を目指そうとします。その結果、HSPさんは「いい子ちゃん」「真面目な性格」になります。

これが、HSPさんたちの性格傾向が似てくる理由です。

良心的で真面目な優等生タイプ

こうしたHSPさんの多くは、決められたレールの上で生きようとします。社会に溶け込もうと努力し、人の見ていないところでも努力をします。人に優しく良心的で、道徳観があります。**典型的な優等生タイプの性格になりやすい**のです。

一方で、柔軟性に欠ける部分があります。手を抜くことができない。結果だけを求めてしまい、過程に目を向けられない。そして、人には優しいのに自分には厳しくしすぎて疲れてしまう傾向があります。

その背景には、人の機嫌を過度に気にする気持ちがあります。人から好かれたい、人から優しくしてもらいたいための熱心さというわけです。自分のために努力するのではなく、人の機嫌を損なわないようにしようという気持ちで努力します。

それが、アルバイトや仕事にも影響を与えてしまうのです。

ホウレンソウが苦手

ＨＳＰさんは、仕事のホウレンソウ（報告・連絡・相談）が苦手です。その理由は、相手の反応や機嫌をあれこれ考えてしまうためです。「今報告したら怒られないかな？　昼ごはんを食べたあとなら機嫌がいいかな？」と考え、報告が遅れます。その間、相手のことばかり気になり、まったく仕事が手につきません。

また、仕事のミスをいつまでも気にします。周りが許していたとしても、自分で自分を許すことができない。ミスをしたことで人に迷惑をかけたと感じ、そのことばかり考えて疲れてしまいます。

良心的な性格なため、断り下手です。ＨＳＰさんの多くは、人の仕事を気軽に引き受けてしまうため、抱えきれない仕事量で悩みます（個人差はあります）。

一方でＨＳＰさんは協調性を求めるため、「自分はこんなに仕事をしているのに、どうして周りは助けてくれないんだろう」と怒りを覚え、その怒りが憎しみに変わることがあります。会社や周囲に対して、人が変わったかのように突然怒り出すＨＳＰさんもいらっしゃいます。

ＨＳＰは悪いものじゃない

こうした性格傾向を知ると、ＨＳＰさんは悲しくなるかもしれません。でも、**ＨＳＰは悪いものではない**んです。今の性格のままで、生きづらさを改善することができるからです。

性格は、見る人によって違います。じっくり考えて行動する人のことを、「のろまな人」とネガティブに取る人もいれば、「慎重な人」とポジティブに取る人もいます。デメリットも、環境や見る人によってメリットに変わるんです。ＨＳＰさんは、自分が認められる環境をみつけることに努力しましょう。

先ほど、ＨＳＰさんは報告や連絡が苦手だといいました。これは相手の機嫌を考えすぎてしまうためですが、人の機嫌を思いやれることは素敵なことですよね。人の気持ちがわかるため、困った人に手を差し伸べたり、人の疲れに気づいて相談に乗ることができるからです。孤立した人がいれば真っ先に手を差し伸べる、そんな優しさを持っています。

自分の持っている気質をネガティブにとらえてクヨクヨするのではなく、持っているものを上手に使おうという意識を持ちましょう。

自分のために生きよう

特にHSPさんを生きづらくしている原因の1つが、他人がどう思うかを優先的に考えてしまうことです。他人の評価ばかり気にして、自分らしい行動を取ることができない、つまり他人軸で人生を歩んでいることが、悩みの本質です。

HSPさんは、そうした繊細さを前提にして生きていきましょう。HSPさんは、「気づきやすい人」です。その**気づきやすさをネガティブなことではなく、ポジティブに使ってください。**

自分を鍛えるために、朝礼で怒鳴られるような体育会系の会社をわざわざ選ぶ必要はありません。安心できる、穏やかで協調性のある職場を選びましょう。

他人に接するように、自分に接することです。誰かに優しくできるのですから、自分にも同じようにするだけで大丈夫。涙が出るほどつらいことがあったとき、「これじゃダメだ！　もっと頑張れ！」なんて他人には言わないですよね。「大丈夫？　休んだら？」と声をかけると思います。自分にもそうした言葉をかけてあげましょう。

溺れている人は溺れている人を助けられない

HSPさんは他人に優しくします。自分を犠牲にしてでも、他人を助ける傾向があります。自己犠牲によって、「格好いい」「自分が必要とされている」といった気持ちになれるためです。

しかし、そのために人を助けることを優先することは、他人軸の人生をつくってしまう可能性があります。

私はHSPさんに、「溺れている人は溺れている人を助けられませんよ」とお話しします。自分が助かっていないのに、相手を助けることはできません。

HSPさんのなかには、私のようにカウンセラー、アドバイザーを目指そうとする方もいらっしゃいます。しかし少なくとも、**自分の悩みを自分で解決できる状態でなければ、人を助けることはできない**のです。

自分を助けるには自分を認めることから

人にはアドバイスできるのに、自分のことは急に見えなくなる。これもHSPさんの特徴の1つです。ですから他人を助けたいなら、まずは自分を知る、今の自分を認めることからスタートしましょう。

たとえば、親御さんとの関係がつらい、苦手だとします。それなのに、そうした気持ちを認めようとせずに仲を改善しようとするから、悩みが深くなります。つらい、苦手なことを認め、自分に「つらかったね」と声をかけることが大切です。

自分で自分の気持ちを認められると、どういう行動を取りたいかがわかるようになります。

- **本当は退職したかった**
- **本当は別れたかった**
- **本当は親の意見ではなく自分らしい毎日を送りたかった**

本心に気づくと「あっ！」と驚くかもしれません。「なんとか今の仕事を耐えようと思っていたけど、そうじゃなくて辞めたかったんだ」とわかるからです。そうすると、「仕事を辞めて次に向かうことが正しい努力だ」ということが理解できます。

ＨＳＰさんは強くなる必要はありません。その感じやすさ、優しさを大事にして、強い刺激から身を守ることを考えましょう。

ほかの誰かではなく、たった1人の自分を目指そう

ＨＳＰさんを生きづらくする要因の１つが、スマートフォンです。皆さんもＳＮＳを利用しているでしょう。ＳＮＳは人とつながる便利なツールですが、監視状態になるデメリットもあります。

ツイッターやインスタグラムで、人のキラキラした部分を見てしまい、自分と比較して落ち込んでしまう……。こんな経験はありませんか？

人と比べていると、１位を目指そうとします。完ぺきじゃないとダメ、自分もキラキラしないとダメなんだと思い込み、自分に持っていないものを求めて無理な努力をしてしまいがちです。

そうではなく、ほかの誰かではない、たった１人の存在であることを目指しましょう。

たとえば、私はＨＳＰ関係の発信を続けていますが、私以外にもＨＳＰ関係の発信をしている方は多くいらっしゃいます。しかし、私の場合はさまざまな経験を基にして、自分だけのオリジナリティを出すよう、努力しています。

- 転職経験、恋愛経験について語り、活かしてもらう
- 私自身も強度のＨＳＰという立場を忘れない
- ＨＳＰの皆さんと話し、アンケートをして共通点を知る
- 働きすぎでドクターストップを受けたことから、無理しない働き方を提案
- 心理学、行動心理学を基にＨＳＰさんの役立つ情報を考える

上を目指せばキリがありません。そうではなく、**あなたのやりたいことを追求して、自分に価値をつけていきましょう。あなたらしい人生を送ることが、あなたを助けてくれるのです。**

自分の過去も今に生きている

私は、学生時代から人に気を使ってばかりでした。人からよく思われたいという気持ちが強く、思春期特有の「格好つけ」もしていました。くせ毛を隠すため、リーゼントのような髪型で高校時代をすごしました。

今思えば、テストでいい点数を取りたかったことも、コンテストで賞を取ろうとしたことも、周囲から「スゴイ」と思われたかったからです。自分の夢や憧れのための努力ではなかったんです。部活動の部長を引き受けたのも、「よく思われたい」「格好よく見られたい」から名乗り出たのかもしれません。

そんな私も音大に入り、音楽を学ぶ楽しさを知ってから変わります。学べば学ぶほど自己表現の幅が広がり、それが楽しくて仕方ありません。HSP特有の、1人でコツコツ真面目に努力する性格を活かし、毎朝7時半~夜遅くまで学ぶ日々でした。

当時学んだことは、今になって生きています。動画配信の音楽を自分でつくったことや、心理学や癒しの知識は、そのまま仕事につながっているのです。

人と違っていいし、なんなら逆行してもいい

社会に出てからは仕事面で苦しみました。転職を繰り返した経緯はすでにお話ししたとおりです。

私が不安に立ち向かうきっかけとなったのは、「人と違っていい」と開き直ってからです。当時はまだ自分がHSPだと思っていません。なんとなく「打たれ弱い」「心が傷つきやすい」「人と同じことができない」と感じていました。

人と同じことができないのに、人と同じことをするから失敗する。「それなら、自分はどうしていきたいのか……」と考えます。当時、私の周りは働き盛りの友人ばかりで、野心を持って皆ギラギラしていました。

「みんながギラギラしているなら自分は逆をいこう」。そう思い、年単位で時間をかけてゆっくり仕事を探し、人生を豊かにすべく音楽活動にも力を入れました。面白いもので、逆の方向に進んでから自分の人生がうまく回り始めたんです。

とりあえず仕事が安定しました。会社以外の個人の仕事も、2〜3年と続けていくうちに、収入の一部となるレベルになりました。音楽活動も順調で、配信した楽曲が10万再生を超えることもありました。

しかし、自分らしく生きていくなかで、対立も生まれます。大学時代に仲の良かった友人から、「そんな生き方じゃダメだ」とSNSで攻撃されたこともあります。会社内でも表面的な付き合いばかりでした。

でも、**価値観の違う数名のために自分の人生を失うほうがもったいないじゃないですか。離れていく人は、そもそも自分とは相性が悪かったんです。**私が無理をして付き合っていただけなんですね。

離れていく人がいる反面、新しい仲間も増えていきました。

- **音楽活動を通じて知り合った人**
- **恋愛で悩んでいたときに私のブログを通じて会いに来てくれた人**
- **私が行うサービス運営のなかで出会った人たち、仲間たち**
- **発信活動を通じて出会った人たち**

皆さん友好的で、私のことを「面白い」と言ってくれます。今までの人間関係が、どれほどいびつだったのかを感じずにはいられませんでした。

人生をシンプルに考えよう

また、**ＨＳＰさんは、「深く物事を考える」特徴があります。**私もこの特徴に悩まされました。

明日いやな仕事があるとして、「上司の機嫌が悪かったらどうしよう」「さらに別の仕事が来たらどうしよう」とネガティブな想像をし、前日から気疲れしてしまいます。

でも、そうではなく、人生はシンプルに考えたほうがうまくいくことに気づきました。

つらいよりは楽しいほうがいいに決まっています。嫌いな人の機嫌を取るより、自分を大切にしてくれている人を大事にするほうが大切です。泣くほどいやな仕事を耐え続けてやるより、楽しく働ける仕事を探すほうが未来は明るくなります。

こうした行動をすると、多くの人が「逃げている」と否定します。「耐えろ」と言うでしょう。でも、あなたの人生はあなたのもの。つらいのはあなただし、ボロボロになるのもあなたです。あなたが倒れてしまっても、他人は責任を取ってくれません。

何度も繰り返しますが、ＨＳＰさんは気づきやすい人です。その気づきやすさを、あなたにとって楽しい、幸せなことをみつける方向に使いましょう。

ココヨワコラム①

「意識低い系生活」のすすめ

ＨＳＰさんたちから、「誰かの役に立たないといけない」「社会貢献しなければならない」という言葉をよく耳にします。そして、「自分にはそんな力がなくて落ち込んでしまう」「所属感が得られず疲れ切ってしまう」と悩むのです。

でも実は、私たちは何気なく社会貢献をしているんです。買い物をすれば、消費税を払います。消費税は、皆さんの生活をよりよくするために使われますよね。デートで観光地に旅行をすれば、その観光地が潤います。これも立派な社会貢献でしょう。

「誰かの役に立たないといけない」という気持ちは、自分の役割がほしい気持ちに似ています。

バーベキューに呼ばれて、「さぁ、楽しんで！」と言われても、何もしない・何もできない罪悪感のため楽しめません。しかし、テント張りや料理で野菜を切るなどの役割があれば、安心して楽しめますよね。そう、私たちがほしいのは「役に立っている」という安心感なんです。

しかし、生きているなかで、役に立たなくても平気な場面はたくさんあります。友達と遊ぶとき、別に友達の役に立つ必要はありません。対等な関係だからです。もちろん、困っていれば助けてあげるでしょうが、逆に助けてもらうこともありますよね。

働けばお金をもらって当然です。「社会貢献のつもりだから」と言って、対価を断る必要もありません。もらったお金を使えば、お金を使った場所は潤います。対価を得たからこそできる社会貢献も、あるんですよね。

だから、人の役に立つ、社会貢献する、という気持ちを無理して持つ必要はありません。人は社会的な動物です。普通に生活をしていれば、社会のなかで何かしらの役に立っているものです。

「人（社会）のため」という意識ばかりでいると、今度は自分にお金を使えなくなります。人のために自分を後回しにすると、毎日がつらくなってしまいますよね。

生きづらさを感じているときは、生きる意識をもっと下げてみることです。それを私は、「意識低い系生活」と呼んでいます。

物をたくさん持っていてもいいし、部屋が散らかっていてもいい。いつも車を洗車してピカピカにする必要もありません。

今のあなたのまま、肩の力を抜いて生きていけることを体感できると、人生がもっとラクに豊かに感じられますよ。

第 2 章

HSPさんの悩みを解く6つのカギ

前章で、ＨＳＰさんがどういう方々で、どんな悩みを抱えているかについて触れました。そうした悩みを解決するためのヒントが６つあります。

- 自己肯定感
- 罪悪感
- 甘え
- 固定観念（正義感）
- 他人軸と自分軸
- 気質と性格

それぞれについて、詳しく見ていきましょう。

悩みを解くカギ1 「自己肯定感」 自己肯定感を「高める」のではなく「維持する」

HSPさんは、自己肯定感が低い傾向があります。自己肯定感とは、自分を認めることです。自己肯定感が低いと自分に否定的になり、劣等感を覚えるようになります。

HSPさんは生まれつき刺激に敏感ですが、子どもにとっていちばん強い刺激は親、続いて他人です。**「人」は強い刺激なんです。**

人から嫌われたり否定されたりすると怖いので、人の意見を採用するようになります。「自分より他人のほうが優れている」と思い込んでしまうからです。

他人を「怖い」と思わないようになるには、自己肯定感を高めることです。そうすると、

- いやなことを断れるようになる
- 自分の意見で物事を決められる
- 今の自分を認められるので他人と比較することがなくなる

といった、「自分らしい自分」になることができます。

しかし、**自己肯定感を上げようと思っても簡単には上がりません。自分を認められないから、悩んでしまうんです。**

そこで知ってほしいのが、「自己肯定感を高める」のではなく、「自己肯定感を維持する」という考え方です。

自己肯定感を下げるものを減らそう

普通に生活していれば、少しずつ自分を認められるようになります。自分なりに精一杯努力していれば、「私は十分やっている」と思えますよね。

問題は、自己肯定感が上がる割合より、下がる割合が高いということです。

HSPさんは、いつも他人を意識しています。否定的な意見を聞けば「自分はダメだ」と落ち込み、「その服、似合わないね」と言われたらその服を着られなくなります。否定的な意見は、あなたの自己肯定感を下げてしまうのです。

ですからまず、**否定的な人を遠ざけましょう。スマートフォンの利用も控えることをおすすめします。**スマホは簡単に人とつながれる便利な道具ですが、他人に監視されやすい道具ともいえます。

自分と他人を比較して疲れてしまうようなら、SNSも制限しましょう。SNSは自分のキラキラした部分、または知ってほしい部分を発信する場合が多いものです。SNSだけ見て相手と自分とを比較し続けると、結果として劣等感が激しくなってしまいます。

定期的に新しい挑戦をしよう

自己肯定感が維持できる環境を整えたら、小さな挑戦をしましょう。

- ジョギングを毎日15分する
- 習い事を始める
- 自炊をする

こんなことでかまいません。挑戦すると、「自分にもできた」と、自分をほめる材料が増えるんです。**自己肯定感を維持するコツは、自分をほめ続けること。**よりよい明日に向けて行動している、という自覚を持つことです。

もちろん即効性はありません。ですが習慣にすることで半年、1年……と時間が経つにつれ効果を実感できます。そうすれば、自己肯定感を維持できる状態になっていくわけです。

悩みを解くカギ2「罪悪感」
無力感を捨て、自分の貢献に目を向ける

皆さんも、罪悪感で悩んだ経験があるのではないでしょうか。ＨＳＰさんは特に罪悪感で自分を責める傾向があります。私にも、罪悪感についてのご相談が多く届きます。

- **もっと貢献できたかもしれない**
- **気づいていたら助けてあげられたかもしれない**
- **応援してくれた人に申し訳ない**

実は、罪悪感には種類があります。迷惑をかけてしまったときには、加害者としての罪悪感を持つでしょう。**ＨＳＰさんが悩みがちなのが、「無力感」という罪悪感です。**

無力感とは、「役に立てなかった」「助けることができなかった」という気持ち。自分には力がなかったと考え、自分を責めてしまうのです。

しかし、罪悪感で行動が制限されると、自分らしい人生を送ることができなくなります。「誰かに悪いから」と、自分の取りたい選択肢を取れなくなってしまうんです。

仕事を辞められないHSPさんの話

「仕事がつらいです。今すぐにでも辞めたいんですけど、上司や先輩に申し訳なくて……」

こんなご相談をよく受けます。こうした悩みも、罪悪感の一種から生じる悩みです。会社に貢献できていない気持ちと、会社のメンバーに迷惑をかけてしまうという気持ちが表れています。

では、このままずっと働くことができるでしょうか。すでに仕事をつらいと思っている状態ですから、耐え続けると心身ともにボロボロになっていくでしょう。これは罪悪感で行動が制限されている、わかりやすい例といえます。

こうしたときは、**自分の人生と罪悪感を比較することが大切**です。このまま仕事を続けていても、つらい気持ちばかりでしょう。先輩や上司を優先して自分の人生をボロボロにするのは、もったいないと思いませんか？

私たちは気持ちが葛藤しているとき、激しく気疲れします。仕事を辞めたいけど辞められないときも、気持ちが葛藤しています。まずは「辞める」と決めて、罪悪感を肯定していくことが大切です。

罪悪感を和らげるコツは、すでに周り（会社や仕事仲間、友人知人など）に与えたものや時間軸に目を向けることです。

罪悪感を持つのは興味と愛情ゆえ

世の中には、罪悪感を持つ人と持たない人がいます。その違いは、相手に強く興味や愛情を持つかどうかです。

たとえば、1日だけ働いた職場にはほとんど愛着がありません。退職しても罪悪感はあまり抱かないでしょう。

同じように、顔も知らない赤の他人にも、罪悪感はほとんど感じません。SNSで突然「〇〇を教えてくれませんか？」と言われても、断りやすいですよね。

上司や先輩に罪悪感を覚えたのは、興味や愛情を持っているからです。興味や愛情を持って働いてきたのなら、あなたは十分に貢献してきたはずです。すでに十分、与えてきたんです。

「ちゃんと貢献してきたんだ」、そう思えば罪悪感が和らぐでしょう。ＨＳＰさんは、手を抜かず真面目に努力する傾向があります。そうした自分自身の価値を知ることが、罪悪感に束縛されないカギになるのです。

悩みを解くカギ3 「甘え」「わかってほしい気持ち」は相手に伝える

HSPさんは、「甘え」を我慢している方が多いです。**甘えとは「わかってほしい」という気持ちのことです。**

子ども時代の強い刺激は、親御さんや他人です。そうした人に「甘え」を出すことで叱られたり、攻撃されると不安を感じます。そうすると、子どもながらに「親が喜ぶようにしよう」と思い、上手に甘えられなくなってしまうのです。

HSPさんのなかには、反抗期のない方もいらっしゃいます。反抗期がないと自分の甘えを相手にぶつけたり、自分の意見を伝えることができなくなる可能性が高くなります。その結果、いろいろな人から指示されたり干渉されることが多くなり、それに対する我慢が限界に達すると、「ふざけるな！」と人変わりしたように怒りを爆発させてしまうこともあります。

普段、他人を優先しがちなHSPさんだからこそ、自分の「甘え」と向き合い、

「甘えは悪いものじゃないんだよ」と知ることが大切です。

甘えは誰でも持つ当たり前のもの

実は、**世の中の誰もが甘えを持っています。**私だって甘えを持っていますし、いつもキラキラしているあの芸能人だってそうです。生真面目に働いているエリート会社員だって、甘えを持っています。

大切なのは、甘えを相手にちゃんと伝えることです。相手が甘えを満たしてくれないのなら、自分で甘えを満たしてあげることです。

たとえば恋愛で、「もっとくっつきたい」「ハグしてほしい」と思うことがありませんか。これは、「子どものように甘えさせてほしい」という気持ちと同じです。

しかし他人は、人の心を見ることはできません。「わかってほしい」「察してほしい」と思っても、他人にはわかりません。だから**言葉で伝える、約束をする、アピールすることが必要**なんです。

仕事量が多くて悩んでいるとしましょう。このとき、「仕事量が多いことをなんでわかってくれないの？」という甘えの気持ちを持ちます。しかし、他人はまったく違うことを考えている可能性があります。

- 好きで仕事をしているんじゃないの？
- 頑張り屋だなぁ。助かる
- 残業代がほしいのかもしれない

でも、あなたが「仕事量が多いから平等にしてほしい」と言えば、問題化されますよね。あなたの気持ちも満たされます。もし伝えても改善されないのなら、「転職する」「効率化できるものを買う」などの対策が取れるでしょう。これが、甘えを自分で満たす行動になります。

甘えを我慢すると憎しみに変わる

甘えを我慢しすぎると、物事を否定的にとらえがちになります。「どうせ誰もわかってくれない」「自分だけが苦しんでいる」と思い、他人を敵だと思うからです。

- わかってくれない皆が悪い
- 行動しない会社が悪い
- 働きづらくしている国が悪い

問題はどんどん大きくなります。こうなるとアドバイスも届きません。子どもが駄々をこねているのと同じ感覚です。子どもなら親が考えて助けてくれるかもしれませんが、年齢とともにあなたを助けてくれる人は減っていきます。

甘えを我慢しすぎてつらくなっているときは、気持ちを吐き出すことが必要です。愚痴を言い、自分の本心を伝え、ボロボロ泣いてください。そのときはじめて、「私はどうしたかったんだろう」ということがわかります。

HSPさんは、自分の本心を隠して無理にキャラをつくる傾向があります。キャラをつくってもかまいません。でも本心は大事にして、自分にウソをつかないことです。

あなたがあなたの甘えに気づいていれば、自分で甘えを満たすことができるのです。

悩みを解くカギ4 「固定観念（正義感）」「〇〇すべき」をたくさん持たない

HSPさんは、真面目でまっすぐな性格の方がほとんどです。とても素敵なことなのですが、それが極端になり、固定観念や正義感に縛られている頑固な方もいらっしゃいます。

固定観念、正義感とは「〇〇すべき」という考えです。

- 「会社に入ったら3年は勤めなければならない」
- 「約束の30分前には集合していなければならない」
- 「LINEは即返信しなければならない」

こうした固定観念を持つと、行動が制限されます。自分が制限されるだけならいいのですが、相手にも強要しがちです。これは間違った固定観念、正義感ですね。

固定観念を持てば持つほどイライラし、気疲れも激しくなります。人はそれぞれ違った価値観を持っています。ですから**相手を「許せない！」と思うより、「こんな考え方もあったのか」と認めたほうが疲れにくくなってラクになります。**

HSPさんはマナーに厳しくなりやすい

固定観念と正義感でわかりやすい例が、マナーです。**HSPさんは、どちらかといえばマナーに厳しい方が多いんです。**それは成長過程で、親の意見に従おうと努力してきたためです。親は子どもにマナーを守らせようとしますが、それが性格に影響するんです。

わかりやすいのが時間です。

たとえば、プライベートの約束があるとします。相手が5分くらい遅れても普通は許せますよね。混雑や電車の遅延など、その人のせいではない、何かしら不可避な理由のある可能性もあるからです。

ですが、「何がなんでも約束の時間は守るもの！」と考えていると、その5分の遅れが許せません。事前に連絡をもらったとしても、「イレギュラーなことを想定して早く家を出るべき」という思考になります。

もし相手を許せていれば、もっと仲のいい友達になれたかもしれません。かけがえのない恋人になったかもしれません。そう考えると、小さな「マナー違反」くらいならお互いに許し合える関係のほうが、人生は楽しくなりますよね。

「固定観念ノート」をつくってみよう

私は、HSPさんに「固定観念ノート」の作成をすすめています。単純に、「〇〇すべき」と思ったことをノートに書くだけです。

どんな人にも固定観念、正義感はあります。私もどちらかといえば時間に厳しいほうですし、食事中のマナーにも厳しいです。

ですが、「〇〇すべき」という内容がノートにびっしりなら、「おかしいな」と思いませんか。私たちは、頭の中だけで物事を考えてしまいがちです。**自分がどのくらい固定観念に縛られているのか、ノートに書いて見てわかるようにしましょう。**

「私って、こんなに頑固者だったの⁉」

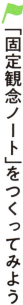

こう気づければ、頭を柔らかくすることができます。HSPさんは、固定観念や正義感に縛られがちですから、物事を受け入れる柔軟性を意識して身につけましょう。

悩みを解くカギ5 「他人軸と自分軸」

他人軸から自分軸の人生にする

「いつも他人を優先している」「他人の機嫌が気になる」「他人から否定されると深く傷つく」……こう悩んでいるHSPさんは、たくさんいらっしゃいます。こう思ってしまうのは、人生が他人軸になっているためです。

他人軸の人生とは、他人評価の割合が多い人生のこと。

私たちは、自己評価と他人評価の割合で自分を決めています。自分評価が強すぎると、自分を愛しすぎるナルシストになり、冷静に物事を判断できなくなります。逆に他人評価が強すぎると、劣等感が激しくなります。いつも他人の顔色ばかりうかがうようになり、自分の行動の基準が「他人から好かれる」になってしまいます。

刺激に敏感なHSPさんは、物心つく前から他人を強く意識しています。「人」が強い刺激になるからです。自分の意見があるにもかかわらず、他人が正しいと思い込み、他人の意見を優先することもあるでしょう。

もちろん、環境によっては、自分らしく生きていけるHSPさんもいらっしゃいます。しかし、日本の家庭環境や教育課程は、個性の発揮よりも、全体の基準に合わせる能力が求められがちです。その結果、他人軸が性格の核となり、個性を失う結果となる可能性もあります。

あなたのクローゼットは、自分で選んだ服でいっぱいでしょうか。もし、人の意見で選んだ服ばかりなら要注意。自分の好みや選択肢を、失いつつある可能性がありま す。

HSPさんは、自分のやりたいことをみつめ、自分の意見に耳を傾けて、自分軸の人生を取り戻すようにしてみましょう。

HSPさんは「人から身を守ろう」とする人が多い

先ほど、HSPさんにとって「人」は強い刺激だとお話ししました。

- 否定が怖い
- 威圧的な態度が怖い

自分を観察されるのが怖い

その結果、無意識に人から身を守ろうとします。これが**防衛的思考**です。

防衛的思考になると、好意を素直に受け取れなくなります。自分より他人のほうが優れていると思い込むため、何を言われてもお世辞と思ってしまいます。さらに、自己評価が低いため、自分で自分の優れた点を認めることができません。

物事も否定的になります。何かを始めたくても、人から否定されるのが怖いため、「できっこない」「私には才能がない」と、諦める理由を探し始めます。

でも本当は、自分らしく生きたいと思っているのです。他人の顔色をうかがわず、愛想笑いをせず、自分らしい服を着て、好きなように物事を始めたい。でもそれができないのは、人から嫌われるのが怖いからです。

この思考が続くと、他人が怖い一方で、他人を見返したい気持ちが強くなってきます。そして強い承認欲求を持つようになり、より他人軸の人生になってしまうのです。

他人に好かれようとするからつらくなる

人が怖いHSPさんの望みは、他人に好かれることです。他人評価に重きを置くと、他人を通してしか自分を見られなくなります。**そもそも、すべての人に好かれることなどできません。**

世の中の2割の人は、最初から他人を嫌っているといわれています。理由はたくさんありますが、わかりやすいのが環境でしょう。人が人を攻撃する理由のほとんどは嫉妬です。生まれつき環境が違うため、自分が持っていないものを持っている人に嫉妬しがちなのです。

私たちは、自分に好意を持っている人に好かれようとは思いません。すでに好かれているからです。HSPさんは、苦手な人や嫌いな人に好かれようとして、努力をし続けます。相手の機嫌が悪ければおべっかを使い、ときには相手の気を引くために必要のないプレゼントをします。

これは相手に媚《こ》びている状態です。相手の機嫌が悪いのは、あなたの責任とは限りません。上司の機嫌が悪いのは、奥さんとケンカしたからかもしれません。それはあなたの責任じゃありませんよね。それなのに必死にご機嫌を取ろうとするのが、HS

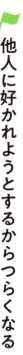

Pさんなのです。

他人軸の人生は、他人に依存した状態です。他人に依存するから、嫌いな人のことでも四六時中考えてしまう。これではまるで、恋人に対する想いのようなものです。**恋人なら好きな人ですから1日中想っていても幸せですが、嫌いな人のことばかり考えていると、つらくなって当然でしょう。**

HSPさんは、他人に好かれる必要があるのかどうか考えてみてください。

そもそも、他人に好かれる必要はありません。相性のいい人とはいい関係が築けますし、そうでない人は遠ざかっていくだけです。そうした、結局は離れていくような相性の悪い人との仲にこだわるのではなく、いい関係を築ける人を大切にしたほうが、無理なく生きやすいはずです。

完ぺきだから好かれるわけじゃない

「他人に好かれないといけない」――そう思い込むと、他人に好かれるために行動するようになります。その1つが、完ぺきな自分をつくり上げようとすることです。

「容姿端麗ならば好かれるだろう」「頭がよければ好かれるだろう」「年収が高ければ

好かれるだろう」。

そう思い、自分を変えようと必死になります。ですから、苦手を克服したがるHSPさんが多いというのも、納得です。

人が人を好きになるのは、人間味や類似性によるところが大きいでしょう。共通点が多く、接していてストレスが少ない人であれば、一緒にいて心地よくなります。でも、**実は完ぺきな人と一緒にいると疲れてしまうんです。**

お笑い芸人さんを思い出してください。彼らは決して完ぺきではありません。でも、人から愛されますよね。それは自分の失敗や恥をかいた「格好悪い」事実を、あけっぴろげに面白く話しているからです。

相手の失敗を知ることで、「自分も失敗しても悪くない、失敗してもいいんだ」と思えるのです。あるいは、「相手もそんな失敗をしているんだから、自分も失敗談を話してもいいよね」という安心感、気の置けなさが仲を深めます。

HSPさんは、さまざまなことに気づきやすく、人一倍気疲れします。完ぺきな自分をつくり上げようと努力しますが、その過程で疲れてしまい、挫折してしまうのです。そして、そんなふがいない自分を見て、劣等感がより強くなります。

そうではなく、**ありのままの自分を認めること。**そして、人が求めているのは、完ぺきであろうとするあなたではなく、「素の自分を出してくれるあなた」なんだと気づいてください。そのままの自分を出す、表現することが必要なんです。

やりたいことをやって、大事な人だけ大切にしよう

自分軸の人生を歩みたければ、やりたいことをやることです。「5分だけ早起きする」「ゆっくり朝ごはんを食べる」など、どんな小さなことでもかまいません。**あなたがやりたかったことを、100個くらいリスト化して、それを1つずつ実践していきましょう。**

このときに、他人の意見を真に受けてはいけません。他人の意見のせいで、やりたいことができなくなってしまいがちだからです。

順序としては、次のようになります。

- あなたを否定する、攻撃する人から距離を取る
- やりたいことを100個リスト化する
- 1つずつ実践する

これを習慣的に続けましょう。やりたいことができてリストが減ってきたら、追加してください。「自分らしく振る舞っても何も問題ない、他人の意見を聞かなくても楽しく生活できる」ということに気づけるはずです。

やりたいことをしているうちに、あなたは笑顔を取り戻します。今までのように他人を意識しての無理をした笑顔ではなく、爽やかな朝の風のような笑顔が自然に生まれます。その笑顔に惹かれて集まってきた人を大事にしましょう。

人生は有限です。**苦手な人や嫌いな人を大事にする暇があるのなら、あなたを大切に思ってくれる人を大事にしましょう。**

悩みを解くカギ6 「気質と性格」HSPという「個性」を活かすことを考える

HSPのことを調べると、ネガティブな情報が多いことがわかります。HSPさんのなかには、「私はHSPだった……。もうダメだ……」と悩んでしまう方もいらっしゃいます。

そうではなく、**HSPをどのように活かすかを考えましょう。**

皆さんは、人が複数の性格を持っていることにお気づきでしょうか。家の中では元気なのに外だと大人しく内気になってしまう、あるいは逆に、外で人といると明るいのに家で家族といるとあまり口をきかない……。このように、環境次第で性格が変わる人はけっこういます。

HSPさんは複数の性格を自覚して、どの環境でどの性格が出るのかを知ることで、自分をコントロールできるんです。

たとえば、HSPさんは音や光の刺激に敏感です。太陽の光が激しいリゾート地や、真夏の都市部にいると、短い時間でも疲れてしまうでしょう。心の余裕を失うので、ネガティブな側面も当然出てきてしまいます。

まぶしそうな場所に行かなければならないときには、事前にサングラスを購入しましょう。サングラスをかけると、光の刺激を和らげることができます。たったこれだけのことで、刺激への備えができるんです。そうすれば、外出に際して起こるネガティブな感情も、和らげることができます。

「HSPだから○○できない」と思うのはもったいない

HSPさんから頂戴するコメントのなかには、「私はHSPだから○○ができません」という書き込みがあります。また、HSPを行動しない理由にする話も見かけます。これって、もったいないことなんですね。

HSPだから○○ができない、ということはありません。たしかに得手不得手がありますから、苦手なことはあるでしょう。でも、考え方次第では活躍できる可能性もあるんです。

たとえば、HSPさんに多い職業の1つに、看護師があります。看護師さんは激務ですし、責任重大な仕事です。HSPさんは、すぐにヘトヘトになってしまうでしょう。

しかし、人の気持ちに敏感ですから、親身になることができます。患者さんから「あなたが看護師でよかった」と言ってもらえたというお話もお聞きします。

大切なのは、HSPとしてのあなたの特徴をその環境で活かせるかどうかなんです。

たとえば、威圧的な体育会系の営業職で働くのは無理でしょう。だからといって、営業そのものが絶対できないわけではありません。

気質は変えられないが性格は変えられる

HSPさんの特徴は、

- 深く物事を考える
- 些細な刺激に敏感
- 五感が鋭い
- 共感力が高い

の4つです。この4つを基にして、成長する過程で性格が構築されます。

気質は変えられませんが、性格は変えられます。

深く物事を考える慎重性を持ちながら、ポジティブに物事を考えることはできます。人に怯《おび》えるのではなく、人の表情を読み取りながら自分の意見を上手に伝えることもできるでしょう。

「HSPだから」と落胆する必要はありません。どこに力を向けるか、どういう環境に飛び込むか、自分の人生をどうしていきたいのか。あなたなりに考えてみることが、よりよい人生につながります。

ポジティブさを加えたいなら、明るい、楽観的な言葉をたくさん使うようにしましょう。人付き合いを改善したいなら、コミュニケーション力と外見をあなたらしく磨いてみましょう。

あなたはあなたのまま、あなたの人生を整えることができるのです。

ココヨワコラム②

心の安心・安全をつくってあげよう

やりたいことがあるけれど、一歩踏み出すことができない……こんなときは、「心の安心・安全」をつくってあげましょう。安心を確保しているだけで、行動しやすくなります。

たとえば、仕事を辞めたいとき。仕事を辞めたあとの不安があるでしょう。「次の仕事がみつからなかったらどうしよう」「お金がなくなるのが怖い」。そんなときは、次のことを考えてみましょう。

- どういう求人があるのか。興味のある求人はいくつあるのか
- 退職金はいくら出るか。失業手当の知識はあるか
- スキルはあるか。スキルゼロなら、今から何か学べないか

仕事を辞めたとして、あなたが希望するような仕事の求人が10社ほどあれば、挑戦意欲がわくでしょう。気持ちも前向きになりますよね。退職金が50万円もらえるとわかれば、失業手当が支給されるまでの生活資金にできます。退職に前向きになるでしょう。

アメリカの心理学者ジョン・アトキンソン氏の研究によると、人は「成功と失敗の確率が半々のときに、もっとも達成の動機づけが高まる」そうです。

何かをしたい、行動したいというとき、HSPさんはマイナス面＝失敗したときのリスクに注目しがちです。でも、それだと行動しづらくなります。ですからリスクだけではなく、失敗したときのリスク回避法や、成功につながる情報も集めることが大切です。

プラスな意見を集めると、心理的にも安心します。相談相手がいれば不安も減りますし、行動したあとのワクワク感も感じられますよね。スポーツジムでパーソナルトレーナーさんの身体を見れば、「私もこうなれるかも」と思うでしょう。

整ったスタイルを獲得すれば「モテるかも」「注目されるかも」、というストーリーも考えられますよね。この気持ちが、行動意欲につながります。

やりたいことを自由にやると、自分らしい人生になります。あなたが自分の人生を選べるようになると、良い環境をつくりやすくなります。

HSPさんは、良くも悪くも環境の影響を受けやすいのです。行動の動機づけを意識して、心理的な安心・安全を確保する情報を獲得し、自分軸の人生をつくる材料にしましょう。

第3章

仕事・恋愛・学校…社会で生き抜くためのアドバイス

この章では、ＳＮＳなどを通じて私に寄せられた、ＨＳＰさんたちの悩みを紹介していきます。

皆さんの悩みで多いのが、「仕事」「恋愛・結婚」「学校」の３つに関するものです。

それぞれの悩みに対し、私の経験や知識を基にアドバイスさせていただきました。

ＨＳＰさんたちが実際に抱えている悩みですから、読者の皆さんにも共感してお読みいただけるのではないでしょうか。

HSPさんの悩み【仕事編】

ケース1 仕事を辞めたいのに辞められません

仕事を辞める決断ができなくて困っています。人間関係も悪く、仕事量も増えてきて仕事を続けられないと感じています。でも、辞めるとなると、仕事を教えてくれた先輩を裏切るようですし、また、残された後輩の仕事量も増えそうで、申し訳ない気持ちでいっぱいになります。私はどうすればいいのでしょうか？

アドバイス まずはあなた自身のことを考えましょう

仕事を辞めたい、でも辞められないという2つの気持ち――これが葛藤です。今は気持ちが葛藤しているので、つらい状態ですよね。

葛藤を解消するために必要なのは、「覚悟」です。今回の悩みの場合、すでに仕事を辞めたい気持ちが強く出ています。「会社の皆に悪い」という気持ちもわかりますが、優先順位の一番は自分です。このままあなたがボロボロになってしまうと、新しい仕事を探すことも難しくなります。

お話によると、辞めることに対して罪悪感を抱かれていますね。罪悪感があるのは、今いる会社に思い入れや好意があって真面目に仕事をしていた証拠です。つまりあなたは十分、会社に尽力してきたんです。

あなたが辞めたあとに残された人の仕事量が増えるのは、仕方ありません。会社は退職者を想定して人を雇っています。介護や病気等の理由で突然辞めるケースも考えられている、というわけです。

HSPさんは、優しくて繊細な方が多いので、ついつい自分を責めてしまうような考えをしがちです。しかし会社からすれば、あなたが抜けても代わりの人を入れればすむ話です。でも、**あなたの人生にはあなたの代わりはいません。**

まずは自分の人生、自分の健康を一番に考えていきましょう。

ケース2

個人で仕事をしたいけどトラブルが心配

私は会社でデザイン関係の仕事をしていますが、将来的には会社だけでなく個人でもSNSを駆使しつつ、仕事をしたいと考えています。しかし、個人で仕事をするなかでクレームや誹謗中傷を受けるのが怖く、動けずにいます。特にSNSでのトラブルなど、どうすればよいのかとても不安です。

アドバイス

トラブルを相談できる場所を用意しておきましょう

会社だけに限らず仕事の幅を広げていくことは、とても素敵なことです。HSPさんは敏感な性格の方が多く、30代、40代で仕事を辞めざるを得ない方も少なくありません。ですから仕事の幅を広げれば、会社を辞めたときの備えにもなりますよね。

個人でSNS等を使って仕事をしたり、自分を知ってもらう場合、ほぼ確実に誹謗中傷や否定的なコメントが届きます。会社員の場合はそうしたトラブルなどからは会社が守ってくれますが、個人で仕事をするとそうはいきません。

私自身も発信活動を続けていますが、1パーセントほどの確率で誹謗中傷が届きます。一説によると、人に対して最初から敵愾心《てきがいしん》を向ける人が世の中には2割いるそうです。つまりあなただけではなく、誰もが一定の人の敵意の対象になっているわけです。

ですからそんな人たちからの誹謗中傷などは真に受けず、議論しないようにしましょう。**誰かを攻撃する人のほとんどは「嫉妬」が理由です。**議論しても根本には嫉妬や羨ましさ、憎しみがあるので、どう答えても話になりません。平行線で終わります。意見の合わない人はブロックして大丈夫です。

それでも、誹謗中傷されると気疲れしますよね。ですから、**いわれのない批判や鋭い言葉を受けたときに気持ちを落ち着かせてくれる方法を考えましょう。**誰かに愚痴を言うのもいいですし、私がやっているようなカウンセリングの窓口に相談するのもいいでしょう。

「トラブルがあったらここで話を聞いてもらおう」

こうした意識が、気持ちの安心、安全につながります。今から、あなたを受け止めてくれたり味方となってくれる場所をつくることで、一歩踏み出すことができるでしょう。

ケース3 上司のパワハラに悩んでいます

上司がいやすぎて悩んでいます。ひと回り年上の男性上司なのですが、いじわる&マウントされパワハラだと感じます。自分の努力が足りないと思って、上司に言われたとおり改善しているのですが、攻撃は終わりません。私はどのようにすればいいのでしょう？

アドバイス ディスタンスを取り、相手が望む反応をしないようにしましょう

これは多くのHSPさんが直面する悩みの1つです。「相手に好意的でなければならない」「好かれないといけない」と思い込んでいるHSPさんが多いですが、これはひどく傷つきやすい性格を持った場合の悩みです。

傷つきたくないから自己防衛的に他人に好かれようとする。嫌いな人やずるい人にも「嫌われたくない」と思い、好かれるような行動をしてしまうんです。

マウントしてくる上司、パワハラする上司のことは「嫌いだ」と認めましょう。本

当は嫌いなのに、嫌いな気持ちを我慢しているのがＨＳＰさんです。その嫌いな気持ちはどこにいくのかというと、自分に向けられます。自分を責めるＨＳＰさんが多いのは、このためです。

嫌いな人は嫌いなまま関係をつくればいいんです。 できるだけ干渉せず、それ以上の関係をつくらないよう心がけましょう。ですから、「距離をおく」「接する時間を減らす」ことがあなたの努力の正しい方向性になります。

それでもマウントされて困る場合は、相手が望む反応をしないようにしましょう。

ＨＳＰさんは、人と接するなかで、困ったり焦ったり凹《へこ》むなど、過敏に反応します。マウントやパワハラをする人にとっては、その反応が面白いんです。ストレスの解消になりますし、自分の優位性を確かめられるからです。

マウントやパワハラをする人が望まない反応とは、たとえば「引く行動」です。

- ニコニコ笑うだけにする
- まったく会話になっていない会話をする（プライベートをけなしてくる相手には「昨日は星がキレイでしたね」など噛み合わない答えをする）
- 無表情に徹し、反応しない

するとで自分が気持ちよくなりたい、という目的を達成できません。もちろん個人差はありますが、今までと違う行動をする、対応をすることが解決策の1つになります。ぜひ試してみてください。

ケース4 仕事が長続きしません

仕事がまったく長続きせず、これまで3回転職してきました。人間関係のトラブルや、些細なことをいつまでも悩んで思いつめてしまい、退職してしまうのです。HSPは繊細な性格だそうですが、繊細さを持ちつつどのように仕事に取り組めばいいのでしょうか?

アドバイス 「スルーの仕方」を身につけて心を柔軟にしましょう

私がインスタグラムで1861名のHSPさんにアンケートを取ったところ、転職経験の多いことがわかりました。「転職経験がある」と答えた方が、全体の67パーセントという結果でした。

一般的なデータと比較しても、HSPさんは転職経験が多いように考えております。

さて、**仕事が長続きする人としない人の違いは、レジリエンス（心の柔軟性）がポイントだといわれています。**要するに、「相手の意見のスルーの仕方」を身につけると心のダメージを負いにくくなり、結果的に仕事が続きます。

心の柔軟性を高めるためには、次のようにしてください。

- **自分で噂や評価を集めない。エゴサーチしない**
- **何か言われても「あなたはそう思うのね」と考える**
- **相手の意識レベルでとらえる（雑談なら雑談レベルで考える）**
- **いつまでも相手の意見に執着しない**

仕事でミスをするのは当たり前、上司が叱るのも当たり前です。でも、ミスにとらわれ帰宅後も思い悩んでいたら、それはあなたの精神に毒のようにダメージを与え続けます。

ミスをしたときは、「周りも助けてよ」というような反発心も持ちますよね。その反発心を抑えつけたり、「そんな甘えはいけないことだ」と思わずに、**運動や愚痴で発散しましょう。心のストレスを早く取り除くことも、心の柔軟性に関わってきます。**

1人で悩まず、相手の意見を重く受け取らない。これを日頃から意識して、少しずつ癖にしていきましょう。

ケース5 会社に貢献できず、申し訳ない気持ちでいっぱい

周りと比べて自分ができない、甘えていると感じてしまいます。会社はとても働きやすく、上司など周りの人も優しいです。でも私は会社に貢献できずに申し訳ない、という気持ちでいっぱいです。ほかの人から見ればワガママな悩みかもしれませんが、どうすれば安心して働くことができるでしょうか?

アドバイス 今仕事しているということは、十分貢献できています

こう悩んでいる方は、所属欲求が満たされておらず、周りと比較して劣等感を抱えていると考えられます。

HSPさんのなかには、誰もがうらやむホワイト企業でもつぶれてしまう方がいるんです。逆に、適度に使われている、あるいは多少雑に使われているほうが意見が言いやすいし落ち着く、という方もいます。

働いていると、仕事で意見を言いたくなりますよね。そんなとき、「自分は熱心に働いている」と自覚できると意見は言いやすいんです。言いたいことが言えると、気

持ち落ち着きます。しかし、会社の誰もが優しすぎる場合、意見を言うことを申し訳なく感じてしまいます。そして自分自身に対して敵意を抱くようになり、劣等感や自責の材料となります。

この場合は、**「もっと頑張る必要はない」と考えましょう。今の状態で十分貢献できているからです。**

ＨＳＰさんは良心的で真面目です。決して能力が低いわけじゃありません。今の能力で仕事ができているのですから、すごく貢献できているんです。

無理に頑張るのは、「行動しないと愛情がもらえない」と思っている方です。でも、人は頑張るから誰かに好かれるわけではありません。ちゃんと人と接して普通に働く――たったそれだけのことで人から信頼され、愛情が満たされます。

あなたの余力はまだ十分あると思いますので、余力のなかで所属感を満たす行動を続けましょう。会社外でもかまいません。社会との接点を増やし、さまざまな知識を身につければ結果的に会社にも貢献できます。たとえば、デザインやＩＴなど新たなスキルを個人的に学び、会社で役立てることもできると思います。

このように、所属欲求を満たしつつ、自分の成長にもつながる行動を取りましょう。学びの時間をつくることで暇な時間も減るので、自分を責める時間も減りますよ。

ケース6

HSPに向いている仕事はなんでしょう？

どんな仕事が自分に向いているのかわかりません。学生時代も特にやりたいことがありませんでしたし、どの仕事を調べても失敗するイメージばかりです。私のようなHSPに合った仕事とは、どのようなものでしょうか？

アドバイス

向いていない仕事を避けつつ、得意なことをみつけましょう

「HSPだから○○できない」というものではありません。まずそれを前提としてお話ししていきます。

HSPさんは、特定の職業が向いている、あるいは向いていないというよりも、**環境の向き不向きがポイントです。**たとえば、HSPさんに向いていないお仕事の1つがシフト（交代）制です。人数が足りないと1日単位で入れ替わりがありますが、環境の変化についていきづらいです。

シフト制のある職業といえば、私は夜勤などもある看護師さんを思い浮かべますが、

看護師さんでもシフト制のない働き方があります。そうした職場の環境を調べてみるといいですね。HSPさんに向いていない仕事の形を避けるわけです。その上で自己分析して、自分に向いた職業をみつけるのがいいと私は考えています。

そこで、HSPさんが向いていない仕事の例を挙げてみましょう。

- シフト制（環境の変化が激しい）
- 体育会系（ノルマが厳しすぎる。朝礼などで怒鳴る、威圧的にされる）
- 不特定多数と関わる（少人数なら可能。次々と人が入ってくる場合はNG）
- 音や光が激しい。においが強い
- 意識が高すぎる（プライベートを犠牲にして会社に貢献する社風）
- 強い監視状態（上司が目の前の席など）

HSPさんにとって大切なことは、余力を残す、ということなのです。

また、仕事への興味がわかない場合は、あなたの得意を発揮できる場所を探しましょう。得意な作業ができる仕事だと評価が上がりやすいため、ほめられます。ほめられると自己肯定感も保つことができ、日々、楽しくなってきますよね。

得意なことは、これまでの経験からみつかります。幼少期・学生時代でほめられた経験を思い出してみましょう。どんな些細なことでもかまいません。ゲームを集中してやっていた、というのなら、集中力があることがわかりますよね。

私の場合、周りと違ったアイデアを思いつくこと、そして同じことをコツコツ継続できることが強みでした。この2つを組み合わせて現在の仕事をしています。

それでも自己分析できない場合は、転職サービスを利用してみましょう。転職サービスのなかには、キャリアや自己分析をマンツーマンで行ってくれるサービスがあるからです。そうすれば自分は何が得意なのかがわかってきます。

自分の得手不得手がわかれば、仕事選びの幅も広がりますよね。

また、アルバイトやパートで自分の得意をみつけることも有効でしょう。体験することほど学びになることはありません。

仕事がないと焦ってしまいますが、1年ほど自分の適職探しに使っても人生は取り戻せます。焦って転職を繰り返すのではなく、自己分析に時間をかけ、自分の得意をみつけていきましょう。

HSPさんの悩み【恋愛・結婚編】

ケース1 モラハラ夫との関係を修復したいです

私は30代の女性です。結婚して5年。子どもも1人います。最近、夫のモラハラで悩んでいます。ことあるごとに私の行動を責め、すっかり疲れてしまいました。でも、子どももいるので離婚はしたくありません。どうすればいい関係に戻れるでしょうか。

アドバイス あなたの気持ちの深刻さに気づいてもらいましょう

既婚のＨＳＰさんでモラハラに悩む方は非常に多いです。その理由として、ＨＳＰさんは他人を尊重するあまり、自分の意見や本心を抑え込んでしまうことが考えられます。

モラハラをする人の原因はさまざまですが、大きな理由の１つに「甘え」があります。外でうまく自分を出せないので、家庭内では自分の強さをわかってほしい。「俺はいろいろ知っているし、俺の言うことは正しいんだぞ！」とアピールするわけです。これは一種の「甘え」からくる行動です。

恋愛は、お互いが依存関係になる特殊な関係といえるでしょう。HSPさんは強く依存するか、逆に強く依存されやすい傾向にあります。今回の場合は夫から強く依存されています。

あなたが自分の意見を言わずに夫を優先すると、「どうだ、やっぱり俺はすごいんだ」と増長して、ますます甘えるようになります。そして外でうまくいかないほど自宅で甘えて、モラハラが強くなってくるんです。

相手の甘えを抑える方法としては、自分がどのくらい傷ついているかを伝え、2人で相談することです。しかしHSPさんは、相談下手な方が多いです。そこで、上手な相談の仕方を紹介しましょう。**ポイントは、相手を自分の深刻さのレベルに引きずり込む、ということです。**

- **「折り入って相談がある」など、改まった態度を取る**
- **雑談の中で相談しない**

●第三者を交える
●カフェなど外で話し、その際にはセミフォーマルな服装をする

すると相手も、「ただ事ではない」と思い、理解を示そうとします。

もしご自身で上手に相談できない場合、夫婦でカウンセリングを受けることもおすすめです。夫婦でカウンセリングを受けて、「そんなに悩んでいたのか」とお互いの気持ちがわかり、**たった1回のカウンセリングで仲良しに戻るご夫婦もいらっしゃいますよ。**

ケース2

彼氏に尽くすことしかできません

人を信じやすく、人のためについ努力してしまいます。いつも尽くしすぎて、いろいろなものを奪われて失敗するようなイメージで、彼氏との関係も上下関係のようになってしまいます。でも私には相手のために努力する以外、愛情表現がないんです。どうすればいいでしょうか？

アドバイス

やりたいことをみつけて1人の時間も楽しみましょう

人に好かれたい、または嫌われたくないから努力する、というＨＳＰさんは多いです。その理由の1つは愛情が欲しいからです。「愛情は見返りなくもらえるものではない」と感じているからです。

本来、幼少期にしっかり愛情をもらっていれば、「何かと引き換えではなく、無条件に人から愛される」と思えるものなんです。しかし、ＨＳＰさんは人の表情を見て、その人が喜ぶような行動をしようとするため、「人の機嫌を取るから愛情がもらえる」

と思い込むケースがあります。

本当にあなたのことを素敵だと思ってくれる人は、人生に立ち向かうあなたの姿に惹かれます。やりたいことをやり、真剣な眼差しと無邪気な笑顔のあなたに心が惹かれるのです。

人から愛情をもらうために努力すると、終わりがありません。他人評価、他人依存になってしまい、他人の機嫌で自分の機嫌も左右されるようになります。まず、**「何かをするから人に好かれる」「何かしないと人に好かれない」という思い込みを改善しましょう。**

また、あなたのやりたいことを続けてみてください。そうすれば恋愛以外にもあなたが夢中になれることが増えます。夢中になれることが増えれば、彼氏さんとの関係の比重が大きくなりません。どうしても相性が悪ければ、「別れる」という選択もできるでしょう。この心の余裕が、相手に尽くして上下関係になってしまう道を改善してくれます。お互いが自立して自分の人生を過ごしているから、恋愛でも協力できるんですね。

四六時中相手のことを考える状態ではなく「一緒にいるあいだは楽しい。でも1人の時間でもやることはたくさん」という状態を目指しましょう。すると意見も自然に言えるようになり、上下関係ではなく対等の関係で恋愛を楽しむことができますよ。

ケース3 依存しすぎて失恋したようです

失恋後、どうしても立ち直れません。彼女のことが好きで好きでたまりませんでした。どちらかといえば内気で弱気な私ですが、そんな繊細さも彼女は受け入れてくれていたんですね。でも、依存しすぎて失敗したかなと思っています。この先どうすればいいでしょうか？

アドバイス 相手を想いつつ、自分で自分を満たせるようになりましょう

HSPさんの恋愛で相手への依存度が高くなった、また重く考えすぎた典型的なケースだと考えられます。

HSPさんは恋愛で奥手です。いつも相手のことを気使ってしまう一方、自分に自信がありません。劣等感を抱きやすいので、積極的に動けないんです。その反面、受け入れてくれた相手のことを、好きで好きでたまらなくなることがあります。

しかし、恋人は母親・父親ではありません。社会関係とは「与える・もらう」の関

係です。もらうばかりで相手に与えていないと、恋愛は重くなります。要求ばかりしているると失敗しやすいよ、ということです。

依存度が高い恋愛だった場合、失恋を引きずります。相手との復縁を願いますが、あなた自身が何も変わっていない以上、仮に元の鞘に戻っても、結局は同じ関係が続いて終わります。

ですから、**改めて自分の人生に向き合うことが必要です。**

- **お金と時間が自由になったのでやりたかったことをどんどんやる**
- **彼女の写真や思い出の品をすべて手放す**
- **自分の魅力が上がる行動を取る**

現在のあなたは、別れた恋人にいまだに依存している状態です。まず、依存を終わらせなければなりません。そのためには、ほかに夢中になれることや熱中できることをつくったり、感情を吐き出す、思い出す刺激を減らすことが必要になります。

そして、あなた自身の魅力を考えましょう。**失恋しても、あなたの魅力はそのままです。**良くも悪くもありません。この失恋経験をきっかけに、上を目指す必要があります。もっと相手の心を考えるようにして、自分で自分の甘えを満たせるようにしましょう。

「僕は何をしてほしかったんだろう。何をわかってほしいんだろう」

この答えがわかれば、自分で満たすことができますよね。甘えを自分で満たすことができれば、相手の甘えに目を向けることができます。すると、今までと違った視点で異性を見ることができますよ。

ケース4 義理の母と上手に付き合えません

義理のお母さんとの関係がよくありません。何かと干渉的で、口出しが多いので疲れます。旦那さんが間に入ってはくれるのですが、このまま関係を続けることが不安です。義母とどのように付き合っていけばいいでしょうか?

アドバイス 物理的な距離感を心がけましょう

ＨＳＰさんには特に気をつけてほしい人間関係があります。その１つが義理のご両親との関係です。義両親との関係は距離感が難しいですし、どうしても気を使ってしまいます。しかも定期的にお世話になりますよね。

今回のご相談だと、旦那さんが間に入ってくれています。これは素敵なことで、旦那さんが義理のご両親との関係性をよくするカギです。

さらに、義両親との関係を良好に保つための対策があります。

- 会う頻度を減らす
- 干渉に疲れたときは「旦那さんの意見」として伝えてもらう
- 遠すぎず、近すぎずの距離の所に住む

このような対策です。義両親の干渉に疲れる場合でも、年に数回程度の交流なら我慢しやすいですよね。ですから、**いかに会う頻度を減らすかを考えましょう。**

会う頻度を減らすコツが、物理的な距離です。近くに住めば頻繁に干渉されます。しかし、あまり遠くに住むと「泊まりで遊びに来る」ことがあります。ですので、日帰りで移動できる程度の距離がいいでしょう（これは新築を建てる際の土地選びでも問題になるお話です）。

ＨＳＰさんは、苦手な人にも好かれようとする傾向があります。しかし、あなたは気づいていないかもしれませんが、苦手意識は相手に伝わっているものです。人間関係は、心に余裕のある側が心に余裕のない側を観察しているからです。

そのため、深い関係にせずに表面的な付き合いを保つことができれば、距離感もまた保つことができます。

また、**旦那さんには常に悩みを聞いてもらい、味方でいてもらいましょう。**ただし、あまりに義両親への敵対心を出すと旦那さんも悩んでしまいますから、気をつけてください。

今後も「親子」の関係性は続きます。どこまでなら耐えられるのか、どこまでなら歩み寄れるのか、その点も考えて義両親とお付き合いするといいでしょう。

HSPさんの悩み【学校編】

ケース1 **将来に希望が持てず不安で仕方ありません**

私は中学3年生の女子です。最近、将来が不安ですごく悩んでしまいます。不景気だし未来に希望が持てません。私たちの老後はどうなるのか、そんな不安も抱えています。これって繊細で心配しすぎでしょうか？

アドバイス **ポジティブな未来を想像して小さなことを続けましょう**

ＨＳＰの中学生・高校生さんから、同じようなご相談を定期的に頂戴します。繊細で深く物事を考える結果、20年後、30年後のことまで考えてしまい、不安になってしまうんですね。ネガティブ思考になりがちな性格も影響していると考えられます。

まず、**不安や心配をすることは悪いことではありません。ネガティブ思考は不安に**

対して準備する思考のことでもあるからです。ですから、ネガティブ思考が少なすぎても問題で、これにポジティブ思考を加えていくと、気持ちが安定します。

まず、ネガティブな未来と同じくらいポジティブな未来を想像しましょう。将来には不安もあるでしょうが、同時に期待もできます。この先、夢や希望もありますし、出会いもあるでしょう。ネガティブな想像をする際は、最後をハッピーに終わらせると心が落ち着きます。

そして**時間軸にも目を向けましょう。HSPさんの不安を見ていると、「今の自分がずっと続いていくことを想定している」ことが多いです。**

たとえば、25年後が不安としましょう。現在中学生なら35〜40歳くらいになりますが、25年間も今の状態が続くはずがありません。

- 高校、大学などで学ぶことができる
- 素敵なパートナーがみつかり二人三脚で立ち向かっているかもしれない
- 毎日勉強することで高いスキルを獲得できるかもしれない

こうした可能性について、思いを巡らせてみましょう。

３年あれば中学を卒業できます。６年あれば高校まで卒業できます。10年あれば大学まで卒業できますし、国家資格だって取れる期間です。これだけ時間があれば、将来に備えることができるでしょう。

ＨＳＰ気質は不安を感じやすい反面、いち早く備えることができます。今の気持ちを大事にして、これからの未来がよりよくなるために今何ができるか考えましょう。

毎日１時間の勉強でも、10年続ければ約３６５０時間の勉強になります。将来の不安のために小さなことを続けることが、今の不安を和らげることにもなるのです。

ケース2 友達が少ない私が社会に出るのが不安です

学校で人間関係を広げることができません。話せる子も1、2人程度。こんな状態で社会に出ていくのが不安でたまりません。どうすれば人間関係を改善できるのでしょう。また、私はこのままでいいのでしょうか？

アドバイス 無理に人間関係を広げず、ゆるいコミュニティを探しましょう

学校は小さな社会です。学校生活で積極的に仲間がつくれなかった場合、社会に出ても人間関係を楽しく広げるのは難しいかもしれませんよね。

しかし、学校と社会に出たあとは自由度が違います。学校は閉鎖された空間であり、自由があまりありません。学校と家との往復になりやすく、その場所だけが社会になってしまいます。

でも社会に出れば、会社と家以外にも居場所をつくることができます。あなたが内気で優しい性格だとして、そういう性格の人が集まる場所をみつければ、仲間ができ

るはずです。**あなたが落ち着く環境はどういうものか明確にして、そんな場所を探していけば、これからの人生にも役立っていくでしょう。**

また、ＨＳＰさんの場合、無理に人間関係を広げないことをおすすめしています。**ＨＳＰさんのほとんどは内向型で、１人の時間でエネルギーを回復します。**誰かと一緒にいるよりも、１人のほうがずっとラクなんですね。

焦って望まぬグループに属してしまうこともあるかもしれませんが、所属はしやすいけれど抜け出すことが大変なのが、グループです。詮索《せんさく》好きで噂好き、なんでも干渉してくる女子グループに入って苦しむより、最初からグループに入らないほうがラクなんですね。

今、話せる子が１、２人いるのなら十分です。その子たちを大事にしてください。あなたを利用しようとしたり、苦手な人たちからは距離を取ることを考えましょう。

それでどうしても寂しい時間が多いのなら、「ゆるいコミュニティ」をつくることをおすすめします。ゆるいコミュニティとは、次のような条件を備えた場所です。

- いつでも迎え入れてくれる
- 予約や約束が必要ない
- その場だけの関係で終わる

中学生や高校生であれば、例えば地域のコミュニティや習いごとなどがいいでしょう。いつでも参加できますし、その場所だけの顔なじみができるようなところです。強制力も弱く、寂しいときに顔を出せる場所が増えると、人間関係を広げなくても寂しさを感じずにすみます。

そして今から「お金と時間が自由になったらやってみたいこと」をリスト化してみましょう。あなたが社会に出るときの楽しい目標になるでしょう。

ケース3

部活で部長になる自信がありません

リーダーを任されそうで悩んでいます。熱心に部活動に取り組んでいたことが認められ、部長になることを期待されています。でも私は人をまとめたり、指示を出したりする自信がありません。部長になるべきでしょうか？

アドバイス しっかりした副部長とあなた自身の「覚悟」が必要

HSPさんのなかには、真面目なためにその姿勢が評価され、「望まないけどリーダーを任される」というケースがあります。「周りがやらないから仕方なくリーダーになる」という話もよく聞きます。

HSPさんは人に親身になる性格の人が多いため、リーダーとして慕われるでしょう。しかし気疲れは多いです。理不尽な意見を言われることもありますし、上から叱られ下からは愚痴を言われる、といった板挟みになる可能性もあります。

ここで考えてほしいのが、サブリーダーになる人の人格や能力です。

HSPさんは複雑なことをせず、皆さんのシンボルのような立ち位置になると安定します。人がいいし、何より熱心ですから、その姿を見て同じように熱心に取り組む部員さんは多いでしょう。

ですが、リーダーになると叱ったり皆がいやがることをお願いするシーンが出てきます。そのときにハッキリ意見を言えないと、能力不足と思われます。

サブリーダーがハッキリものを言ってくれたり、こまかいことをしてくれるタイプの人だと、お互いの足りない部分を補えますよね。部長さんになるのなら、物怖じしない性格の副部長さんを選びましょう。

ただし注意があります。部長になるなら「部長になる覚悟」が必要です。**覚悟のないまま、なんとなく部長になると不安に押しつぶされます。**何より、自分の意見で道を進めないとモチベーションが上がりません。

リーダーを任されるタイプの人には、今後もリーダーの話が舞い込みます。そのときのため、今回の機会を基に実験してみましょう。部員が少人数であれば対応もしやすいでしょう。20人以上の大人数だと1人ひとりに親身になるのは難しいでしょうから、無理をせず辞退することも考えましょう。あなたの負担にならないようにしてくださいね。

ケース4 就職活動をやり遂げる自信がありません

就活で悩んでいます。ほかの子は内定をもらっているし、生き生きと就活しているけど、私は面接を考えるだけで不安です。応募して採用されても、私なんかが会社で活躍できるイメージがありません。就活とどのように向き合っていけばいいでしょうか？

アドバイス

周りの友達を気にせず、自分の向き不向きを探りましょう

ＨＳＰさんは、就活の際に自己肯定できず悩む傾向があります。決して能力が低いわけではないのですが、他人のほうが優れていると思い込んでしまうＨＳＰさんは、行動力が低下しやすいのです。

些細な部分に注目し、かつ物事を深く考えるとネガティブ思考が強くなりがちです。しかし就活とは、ネガティブなだけではありません。

- 夢や憧れの職業を実現できる可能性がある
- 自分の能力が評価される可能性がある
- 新しい出会いが待っている

このように、楽しいキラキラした部分もあるんです。**ネガティブな部分だけを見ないで、ハッピーな部分も想像しましょう。**そうすると思考傾向のバランスが取れ、気持ちが落ち着いてきます。

就活の問題点は、はじめての体験なのでコントロールできない不安が多いことです。たしかに社会は厳しいです。しかし、想像より厳しくない状況も考えられます。**私の経験から言えることですが、「やってみないとわからない」ことだらけなんですね。**

ですので、まずは夢や憧れの職業に向かって突き進んでいきましょう。憧れの職業に挑戦して失敗すれば、納得できるでしょう。精一杯やってダメだったら後悔しませんよね。でも、挑戦する前に諦めてしまうと、これからの仕事人生で後悔し続ける結果になります。

就活の目的を間違えてもいけません。HSPさんはどちらかといえば、他人と比較して劣等感で苦しむ方が多いです。**就活の目的は、内定をたくさん取ることではありません。あなたが長く楽しく働ける仕事をみつけることです。**

友達が大企業の内定を取っても、気にする必要なんてないんです。そもそも、大企業に入れても、長く働けるかどうかは別。就職してから3年後には、多くの人が会社を辞めています（厚生労働省の２０２０年10月の発表によると、２０１７年３月に大学を卒業して就職した人の約30パーセントが離職しています）。

焦らずに、あなたの人生の目的を考えて求人を探しましょう。小さい企業でも、あなたの夢や憧れにつながっている職場なら、入る価値がありますよね。

もし在学中に就職できなかったとしても、既卒枠で求人はたくさんあります。1年くらい自分の向き不向きを探ってから就職しても、遅くはありません。焦らず、周りと比較せず、あなたのペースで就職活動を進めていきましょう。

ココヨワコラム③

HSPさんの恋バナ―HSPさんは恋にオクテ!?

HSPの提唱者であるエレイン・N・アーロン博士は、自著で「恋愛にかなり臆病な男性の多くはHSPである」と述べています（『ひといちばい敏感なあなたが人を愛するとき』エレイン・N・アーロン著／明橋大二訳／青春出版社）。

私の元にも、「恋に踏み出せない」「恋を楽しめない」というご相談が届きます（男女ともに「奥手」で悩んでいるというお話が届いています）。

自己肯定感が低いと、「私なんて相手にしてもらえない」「相手に迷惑だと思う」と考えてしまい、気持ちを伝えられません。しかし、付き合い始めると人が変わったように甘え、強く相手（と恋愛）に依存してしまいます。その結果、相手の負担となり別れてしまう、という方も多くいらっしゃいます。

恋に悩むＨＳＰさんは、まず自分の「依存」と向き合いましょう。恋愛は依存関係だといえます。「相手を意識しているのに、一歩踏み出せない」、この葛藤があると激しく気疲れし、苦しくて胸が痛むでしょう。このときに、ほかの目的・夢があると、恋愛だけにこだわらなくてすみます。

恋愛だけに目を向けることをやめれば、心に余裕が生まれます。意中の相手に無理に連絡することもなくなります。ＬＩＮＥの返事が１通届かないだけで、「嫌われたかも」と思うこともないでしょう。

ＨＳＰさんは、さまざまなことに気づいてしまいます。片想いの異性がほかの異性と少し話しているのを見ただけで、「私は好かれていない」と思い込むこともあるでしょう。その思い込みのなかで相手を想う気持ちを忘れ、自分が苦しさから助かるために恋から離れていくこともあります。

そんなときは、自分の魅力に目を向けましょう。自分の魅力を磨いて、素敵だなと思う自分になれば自信がわいてきます。自信があると「私なら大丈夫」と、ポジティブな部分に目を向けることができます。

たとえば、3回デートをしてくれたのなら、相手はあなたに興味があるといえますよね。服装をほめてくれたなら、こまかいところも見てくれていることがわかります。そのうちにお互いの距離感がほどよい状態になり、お付き合いできる可能性も高くなります。

このように、良い部分に気づけるようになると、恋愛から良い影響をもらえるようになります。

魅力は見る人によっても変わりますが、人は人の外面で相手を判断しがちです。外見のすばらしさも資産だと考えて、外面から性格・地位・知性などの特徴を得ようとするためです（光背効果《ハロー》）。

相手に強く依存せず、恋愛も数ある楽しみの1つと考えると気持ちがホッとしますよ。

第4章

HSPさんが
ラクになれる
20の生活習慣

敏感で繊細なＨＳＰさんたちは、普段の生活でも苦手なことがけっこう多いんです。

この章では、ＨＳＰさんが家の中や外出先で落ち着ける方法、人間関係でリラックスできる心の持ち方、また、どうすればマインド面でラクになれるのかをご紹介します。

私が実際に行っていることでもあり、効果があるはずですので、参考にしてみてくださいね。

こうすればちょっとラクになれる・家の中編

1 自分で選んだ好きなものに囲まれる

誰でもがリラックスできる空間といえば、家の中でしょう。家の中は普通、自分の選んだものであふれていますよね。家の中にまで他人の意見を持ち込む必要がないため、自分の思いどおり、好きなようにできるからです。

しかしＨＳＰさんのなかには、「他人の意見」を家の中まで持ち込んでしまう方がいます。

- 人に選んでもらった服ばかり
- 仕事に関するものばかり
- 家に遊びにきた友達に否定されたものはすべて処分

大人だって、子どもっぽい部屋をつくるのはその人の自由です。キャラクターグッズを集めてもいいですし、オシャレさゼロにしてもかまいません。**大切なのは、「あなたがリラックスできるかどうか」です。**

今、あなたの部屋を見渡してみてください。あなたが選んだものであふれていますか？　クローゼットの中には自分で選んだ、自分らしい服が並んでいますか？

もしそうでなければ、他人軸・他人上位の状態になっている可能性があります。自分の空間まで他人を意識することの「おかしさ」に気づきましょう。

私も、人生がうまくいっていないときは、自分らしい部屋ではありませんでした。服も誰かにダメ出しされたら捨てていた状態です。

しかし、自分らしく生きようと決めてからは、自分で選んだ好きなものであふれています。クローゼットの中も、9割が自分で選んで自分で買った服。自分らしく生きていると、部屋も自然に自分らしくなるものです。自分らしい部屋でくつろげれば、日々を安らかに送ることができますよ。

② 柔らかい光の照明を使う

HSPさんは、音や光の刺激に敏感です。私のところにも、「視覚情報で疲れてしまう」というご相談が多数届きます。

たしかに今は、自宅でも視覚情報で疲れる時代となっています。

- スマートフォンやテレビの光
- 明るすぎる室内灯
- 各種ゲーム機器

スマートフォンやゲーム機器はわかりやすいですよね。室内の光でもＨＳＰさんは疲れる可能性がありますが、ＬＥＤの明るさにまでこだわっている方は少ないと思います。そこで、明るさはもちろん、光の色も含めて検討しましょう。

たとえば、間接照明を取り入れるのも有効です。私は小さな戸建てに住んでいます。リビングと寝室の電球はすべてダウンライトにしており、カフェのような淡いオレンジ色の照明です。

最初は「あれ？　ちょっと暗かったかな……」と思いましたが、住んでみると落ち着くんですね。

ホテルや旅館など、あなたも間接照明が多い場所に行ったことがありますよね？　それをイメージするとわかりやすいです。あなたの疲れ具合によって、照明・光量を変更できる環境を整えてみましょう。

また、そうしたダウンライトの室内で、疲れた日にアロマキャンドルを使うＨＳＰ

さんもいらっしゃいます。そうすれば、間接照明とアロマ、つまり視覚と嗅覚の両方からリラックスすることができます（室内でキャンドルを使う場合は火災報知機等に十分お気をつけください。また、人それぞれ視力も違いますから、無理のない範囲内で試してみましょう）。

③ 自分にご褒美を買う・通販を活用する

ＨＳＰさんのなかには、「自分自身にお金を使うことに罪悪感がある」と言う方がいらっしゃいます。自分をほめることが苦手で、いつも他人を優先する。そんな性格傾向の方です。

他人にはお金を使えるのに自分にはお金が使えない。自分にお金を使うことが無駄だと感じています。でも心の中では、「認めてほしい」「何か与えてほしい」という不満があります。

これは当然の心理です。**人間社会では、何かをしてもらったらお返しをしてもらいたいという、「返報性の心理」があります。** 良好な社会関係とは、「与えたらもらう・もらったら与える」という関係なんですね。

人に与えているばかりだと、我慢してばかりになります。その「我慢」が攻撃的な気持ちになって、「見返してやりたい」という気持ちになりがちです。

しかし大人になると、子どものように何も考えなしに「ちょうだい」とは言えません。**ＨＳＰさんの場合、その気持ちを外に出すことができず、「自分は与えてもらうレベルじゃない人間なんだ」と、自分自身に攻撃心を向けてしまいます。**

そうならないよう、自分で自分の心を満足させてあげましょう。その簡単な方法がご褒美であり、通販の活用です。

たとえば、大きな仕事がひと段落したとしましょう。上司からほめられたら心が満たされるでしょうが、ほめてくれる上司ばかりではありません。

そこであらかじめ、あなた自身のために通販でご褒美を買い、仕事後に届くように設定しておきます。これで、大きな仕事で大変だった自分の気持ちを、自身で満たすことができますね。

それでも自分で自分をほめられない、お金を使えないという方は、「人生の無駄」について考えましょう。

生物的に考えれば、人生のほとんどは無駄なことです。生きるだけなら仕事・食べ物・住まいがあれば問題ありません。ですが、これでは人として面白くありませんよね。人それぞれが無駄を楽しむから、豊かな生活を送れるのです。

「これって無駄じゃない？」と思ったら儲けもの。無駄だから必要なものなんです。自分にお金をかけるのが無駄だと思ったら、「無駄が心の豊かさにつながるんだ」と考えるようにしましょう。

毎月、自分用の予算を組むのも効果があります。事前に使える額を決めておけば、無理なくお金を使うことができます。ルール化すると罪悪感を抱かなくてもすみますし、習慣として自分にお金を使いやすくなりますよ。

4 必要な情報だけしか集めない

HSPさんの気持ちは、情報で左右されがちです。たとえば朝のニュース。最近はネガティブなニュースが増えてきました。不景気の影響もありますし、世の中に不満が増えているからでしょう。

久しぶりにしっかり眠れた！　そんなすがすがしい朝の気持ちを、ネガティブなニュースで台無しにされてはガッカリです。そうならないよう、**情報は能動的に集めるようにしましょう。**

逆に受動的、つまり受け身で情報を集めていると、ネガティブニュースが集まりがちです。

- テレビのニュースだけをチェックする
- SNSで流れてくる情報だけをチェックする
- 電車の中吊り広告に目を配る
- メディアやSNSで自動配信される広告を読む

こうした受け身的な情報だけに接するのは、やめたほうがいいでしょう。わかりやすいのはテレビです。

人は痛みを感じるもの、損する可能性のあるものに注目します。だから「やっちゃダメ」とか「生々しい表現」のニュースが多いんですね。テレビは視聴率を上げなければなりませんから、ネガティブニュースで注目を集めることになります。

YouTubeも、あなたの検索履歴を基に興味のありそうな情報を自動的に集めてきます。YouTubeの関連動画・ホーム画面がネガティブなニュースであふれている場合、あなたがネガティブニュースを集めている状態といえます。

一方、能動的な情報集めとは、あなた自身が検索したり、情報を購入することです。

- **書籍を買う、雑誌を購読する、メルマガを購読する**
- **オンラインサロンに加入してサロン内で情報を集める**
- **SNSで検索する、お気に入りのメディアをチェックする**
- **興味ある内容のラジオを聴く。興味ある内容のテレビ番組を見る**

必要な情報は、待っていても届かないものです。お金を使ったり、労力をかければ、ほしい情報が手に入れられますよね。ネガティブな情報が集まらない環境をつくり出せば、ネガティブニュースで悩むことはありません。

特に現代は、良い情報がクローズ化されています。多くの情報が無料で手に入る反面、質の悪い情報も増えてしまい、何を信じればいいかわかりません。ですから、必要な情報に予算をかけることが必要です。

あなたにとって必要な情報だけを集めるよう、能動的な情報集めを心がけましょう。

5 寝る前にストレッチやヨガ、ピラティスをする

今日1日で緊張した筋肉のコリをほぐし、心を安定させることを目的とした簡単な動きも大切です。

HSPさんは主に、人間関係で気疲れをします。親しい人と話している場合でも緊張して、筋肉がこわばります。帰宅して「ああ、疲れた……」と思う方も多いでしょう。

就寝前は刺激の少ない状態です。でも、つい1日の出来事を振り返ってネガティブなことを思い出し、興奮状態になりがちです。

ストレッチやヨガ、ピラティスを習慣化することで、心身ともに眠りやすい状態にすることができます（個人差はあります）。

今はYouTubeでも、ヨガやストレッチの専門チャンネルが増えています。運動量の多いものから少ないものまで、さまざまなピラティスが用意されており、猫背の改善や運動不足の解消にも役立ちますよ。

特に家と会社の往復だけになっているHSPさんには、取り入れてほしい習慣の1つです。

6 暇つぶしにスマートフォン以外を使う

スマートフォンは便利な道具ですが、便利すぎて刺激の強すぎる道具となっています。わかりやすいのはSNSですね。

ほとんどの方が、複数のSNSを利用しているかと思います。SNSは人と気軽にコミュニケーションできる一方で、他人から監視状態になるツールです。

休みの日に駅で電車を待っていて、暇つぶしにスマホゲームをしているとします。ゲーム中、スマホに何かの通知が届きます。苦手な上司からのLINEでした。

「休日なのにLINEを送ってくるなんて……」

たった1通のLINEでモヤモヤし、気疲れします。HSPさんのなかにはLINEの返信に30分以上かかってしまう方もいます。そんな場合は、せっかくのあなたの休日が仕事状態になってしまいますよね。

しかし、通知に気づかない、スマホを見ていないのであれば、モヤモヤした気持ちにはなりません。スマホを使う時間を減らす・制限することが、気疲れを減らす結果につながります。

暇つぶしでスマホを使えば使うほど、誰かと交流する可能性が増えます。ですから、スマホ以外の暇つぶしを考えましょう。

私のおすすめは文庫本です。あなたの好きなジャンルでかまいません。

- **長く時間がつぶせる**
- **持ち運びに便利**
- **その世界観に入れる、集中できる**
- **アナログなので光の刺激が少ない**
- **読んでいる間は視覚情報を制限できる**

本を読むのが苦手なら、音楽を聴くのでもかまいません。軽くストレッチをする、体を伸ばすのもいいでしょう。どうしてもゲームをしたいなら、ネットにつながらないゲーム機の利用をおすすめします。そうすれば、他人からの刺激で心を乱されることが減るでしょう。

7 外で歩くなど身体を動かしてみる

外よりも家の中のほうが、刺激は少ないです。しかし、**刺激は多すぎても少なすぎてもいけません。刺激が少ないと、ネガティブなことを考えやすくなるからです。**

ですから、徒歩や自転車での移動を増やしたり、朝や日中に散歩をしながら考えごとをしてみるなど、実際に動いて（刺激を与えて）みましょう。特に仕事でミスをした日などは、平日でも散歩してみるのです。

刺激について考えるときは、**刺激の質を考えることも必要**です。たとえば、上司から叱られることは悪い刺激、気持ちが落ち込む刺激ですよね。でも、好きな相手とデートをしたり、新天地の空気を吸うのはいい刺激です。ワクワクする気持ちが混じります。

考えごとをするのなら、いい刺激＝リラックスを取り入れながら考えましょう。暗い部屋で頭を抱えて考えごとをすると、悪いことばかり頭に浮かんでメンタルが悪化してしまいますよね。

外に出て気持ちのいい空気や日差しを浴びながら考えれば、発想も変わります。普段と違う道を通れば、頭に違う刺激が加わりますよね。もしかしたら、あなたの悩みや問題を解決するものと出会えるかもしれません。

徒歩や自転車移動を増やすのも有効です。HSPさんは公共交通機関で疲れてしまう方が多いです。満員電車などは人の声・におい・体温などで情報過多になり、疲れきってしまうのです。一方、徒歩や自転車だとあまり気疲れしません。

私も公共交通機関の利用を減らしています。徒歩25分圏内なら徒歩で移動しますし、2駅分なら自転車で移動します。運動不足も解消できますし、交通費の節約にもなり、一石二鳥ですね。

仕事でミスをした日は、ミスしたことで自分を責めるでしょう。HSPさんは敏感な性格の方が多く、小さなことをいつまでも気に病み、自分を責めてしまいます。このときに刺激の少ない場所にいると、いつまでも自分を責め続けてしまいます。

人は、暇なほうがネガティブ思考になりやすいです。

家の中で自分を責めてしまうのなら、少し外に出て気分転換したほうが、「くよくよ」が減ります。外食したり、スポーツジムに行って運動してみましょう。行きつけのお店で愚痴を言うのも効果があります。気持ちを吐き出したほうが、ネガティブ思考から抜け出しやすくなるんです。

8 定期的に汗をかく程度の運動をする

前の項目で書いたように、**適度な運動はメンタルを安定させます。**ストレスの原因の１つが運動不足なので、日頃からストレスをためやすいＨＳＰさんは、積極的な運動が必要です。

私たちはつい、ラクなことばかり考えます。アメリカで有名なパーソナルトレーナーのジリアン・マイケルズさんは、自身のフィットネスＤＶＤ「30日間集中ダイエット」で、「人はラクな運動で『運動をした』と自分に言い聞かせてしまう」とおっしゃっています。

たとえば、エスカレーターを使う代わりに階段を使う。料理中、足首を伸ばす運動をする。これらも効果ゼロではありませんが、運動不足が解消されるとはいえません。運動時間をつくり、汗をかく程度の運動をすることが必要です。

たとえば、**ボクササイズでのストレス発散などは、自身が抱える敵意を外に出しやすい運動の１つでしょう。**私もスポーツジムで、ボクササイズを取り入れた「レスミルズボディコンバット」という、強度の運動を行ってきました。60分で６６０キロカロリー消費する運動です。

このような強度な運動をすると、達成感・爽快感を得られ、すがすがしい気分になります。また、スタイルもみるみる整っていき、今までと違った体つきになります。ボクササイズですから、苦手な人や嫌いな人を思い出しながら運動することも可能です。敵対心を吐き出せるのでストレスの解消になり、心の安定にもつながります。

特に事務職・管理部門のように座業の多い方は、運動不足になりがちです。私のように強度の運動をする必要はありませんので、無理のない範囲内で時間をつくって運動習慣を取り入れましょう。最初はジョギング程度がおすすめです。

どうしても自分で運動する自信がないなら、スキルマーケットで運動についてアドバイスしてもらうのもいいでしょう（最近は各種専門家がフリートークや相談のサービスを1時間3000円ほどで販売しています。タイムチケットやココナラが有名ですね）。

9 飲食店では対面にならないカウンター席へ。行列や試食・無料サービスを避ける

外出時も、ＨＳＰさんは人間関係で悩みます。親しい人と一緒でも緊張したり、営業的なサービスを断れず後悔します。

素の自分が出せずに疲れてしまうのであれば、**外食時にはカウンター席や自分で何か作業が必要な飲食店を選びましょう。**カウンター席では、一緒に行った人とでも目を合わせる必要がありません。

人の情報は目に集まります。目を見れば、本当に笑っているかどうかわかりますよね。相手の本心を目から探ろうとしてしまうＨＳＰさんは、対面だと緊張して疲れてしまいます。座る位置が横や斜めだと安心感につながることが、行動心理学的にもわかっています。

会話が苦手な場合は、焼き肉店やお好み焼き屋さんなど、手を動かす必要がある飲食店を使いましょう。これはデートなどにもおすすめです。相手の顔を見る必要がありませんし、作業しながら会話がみつかります。「話さなきゃ！」と焦って失敗する確率が減るでしょう。

見なければいいものに気づいてイライラモヤモヤするのも、ＨＳＰさんです。わかりやすいのが、行列です。

- **割り込み、合流などでモヤッとする**
- **待ちすぎてイライラしている人を見ていやな気持ちになる**
- **自分の番までに売り切れないか不安になる**

もちろん、行列は飲食店以外でもあります。お店のオープン待ちや、タクシーやバスの行列です。**ＨＳＰさんは、行列に参加しないことを優先しましょう。**

普段から徒歩や自転車移動にすれば、交通機関での行列は減ります。また、混雑する店より、隠れ家的な小さくて穏やかな店を選んだほうが

ホッとできるでしょう。私も、入りたかった飲食店が行列状態だった場合、別の店に切り替えるようにしています。

また、外出先で営業を受けてしまうケースがあります。試食やショッピングモールでの無料サービスの勧誘（住宅情報、ウォーターサーバーなど）がわかりやすいですよね。

これは「好意を受け取ったら返さないといけない心理」（心理的負債）を狙った販売方法です。ですから、無料のサービスでも「食べない・もらわない」がいちばんです。

10 気が散る場所では目を閉じて話す

HSPさんは、視覚情報が多いと、ほかのことに集中できなくなります。たとえば、美容院で席のうしろがスケルトンの壁になっていたり、大きな窓の店舗がありますよね。そうするとHSPさんは鏡に映る通行人を意識してしまい、美容師さんとのトークに集中できなくなります。

この場合、目を閉じて話すことが有効です。**視覚情報で疲れてしまうのですから、視覚情報を減らすだけで気にせず会話できるようになります。**相手の顔を見る必要もなくなり、目からの相手の情報も消えるので緊張しづらくなります。

私も美容院での会話にずっと悩んできました。鏡越しに美容師さんと目が合うため、「何か話さないと……」と思うんですよね。でも、美容師さんはお仕事をしています。会話することで集中の邪魔をするのではないかと思い、葛藤で苦しんできました。

今、私は地元の小さな美容院に通っています。そこでは最初から目をつむるようにしています。すると普通に会話できるようになって、今では美容院に行くのが楽しみになったほどです。

もちろん、歩いているときなど、目をつむれないケースもあります。たとえば、友達と歩きながら会話をするとき、友達のうしろを歩く人たちを見てしまい、会話に集中できません。

この場合は「だて眼鏡」や、可能なら「サングラス」をかけることも有効ですので、試してみてください（マスクをしながらのサングラスは使いづらいですよね。グラスコードを使い、いつでも外せる状態にすればよいでしょう）。

⑪ 週に1日は予定のない日をつくる

何かと深く考え込んでしまいがちなのも、HSPさんの特徴です。つまり、人一倍疲れやすい性格なんですね。ですので、週に1日は、誰とも会わずにリラックスする日をつくりましょう。

HSPさんのほとんどは、内向型の性格です。内向型の人は、1人の時間でエネルギーを回復します。予定のない日を不安に思うHSPさんもいらっしゃいますが、**「予定のない日だからこそ、やりたいことがやれる」**と思えばいいのです。

普段から休める人は、心身が安定しやすい傾向にあります。ロールプレイングゲーム（RPG）を想像してください。いつ強敵が現れるかわからないため、体力を常にある程度維持した状態にしておきますよね。一撃で倒されてしまう状態で旅はしないでしょう。

休み下手なHSPさんは、体力が少ない状態で旅をしているのと同じです。しかし、現実はゲームと違います。体力は数字でわかりませんし、自分が疲れていると気づけないことすらあります。

ですから**HSPさんは、休みを習慣化することが必要です。**

- 疲れていなくても休む
- いっぱいいっぱいになるまで予定を入れない
- 1人の時間を意識してつくり出す

特に、1人の時間をつくり出すことが大切です。時間さえあれば、自分にとって良い行動を取りやすいじゃないですか。誰かのために時間を与えるのではなく、自分のために予定を入れないようにするという意識が必要なんですね。

1人の時間は、特に第1章のHSPチェックリストで点数の高かったHSPさんほど、必要です。無理のない範囲内でやってみてください。

12 苦手なグループに所属しない

誰でも人間関係で悩むものですが、HSPさんの場合、特に顕著です。核家族化の進行や、SNSなどのツールの発達で、全体的にコミュニケーション力が低下しています。また、日本人は所属欲求を満たすのが下手だといわれています。その結果、所属先を見つけられない・なじめないという悩みを抱えるわけです。

所属先がみつからないと、劣等感が生まれます。どこかに所属して活躍している人を優秀だと感じ、「自分なんてダメだ」と自分を責めるようになるんですね。その結果、焦って自分に合わないグループに所属してしまうことになります。

第3章でも触れましたが、**グループは所属することより抜け出すほうが大変なんです。**特に自分たちの世界だけになっているグループ、噂や悪口ばかりのグループは互いに依存するようになり、そのグループ以外の人には敵対心や攻撃心を向けたりします。

もし、あなたがグループを抜けたら攻撃対象・噂の対象となるでしょう。

ですからHSPさんは、グループに所属するときは慎重にしてください。下手なグループに所属するより、1人でいたほうが気楽です。大勢の中で孤独だから寂しいんです。孤独を恐れてはいけません。

たとえば、皆でやっているバーベキューで孤立しているのは寂しいですよね。ほかの人たちが仲良く楽しそうにしているなかで、自分だけひとりぼっちだからです。

では、グループに所属していなければどうなのでしょう。そのグループについてわからなければ、特に孤立したと感じないんですね。グループに所属しなくても友達をつくることはできます。

もしグループに参加したい気持ちが強まっているのなら、習い事などを始めましょう。習い事はその場だけの関係です。習い事をやめればその集団から抜け出せます。

グループに参加するときは、「抜け出しやすさ」に目を向けることがポイントです。

13 親しい友人とでも泊まり遊びをしない

ＨＳＰさんは、親しい人と一緒でも気疲れしがちです。人間関係で気疲れしなくても、音や光の刺激・深く考え込んでしまう特徴が疲れを生じさせてしまうためです。

特に気をつけてほしいのが、泊まりの遊びです。学生さんなら卒業旅行はもちろん、一人暮らしをしている友達の家に集まることもあるでしょう。この、泊まりの遊びでＨＳＰさんはヘトヘトに疲れてしまいます。

気の合う友達同士でも、暮らしのなかで合わない面があるかもしれません。

- **友達は音楽を聴きながら眠りたい（ＨＳＰさんは静かに眠りたい）**
- **友達はどんなところでも眠れる（ＨＳＰさんは環境が変わると眠れない）**
- **空調の温度設定の違い（自分は暖かいほうがいいのに友達は寒いほうが好き）**

私も高校時代に友人宅で、何度も泊まりで遊んだ経験があります。そのたびにほとんど眠ることができず、翌日は動けないくらい疲れた状態でした。

その理由は、「音」と「空調の温度設定の違い」です。言ってしまえば「環境の変化」です。**世の中には、環境の変化に強い人と弱い人がいます。HSPさんは、どちらかといえば環境の変化に弱い性質を持っています。**

音や光の刺激に敏感なので、些細な音が気になって眠れません。それは冷蔵庫のモーター音かもしれませんし、友人の寝息かもしれません。あなたが寒がりだったとして、暑がりの子の家に泊まれば空調温度が気になります。しかし、泊まらせてもらっているため気を使い、「ちょっと寒いんだけど」などと言い出せません。

ですから、自分が疲れてしまうのが確実であれば、なるべく友達の家に泊まることは避けましょう。

もし旅行で宿泊するのなら、別の部屋にしましょう。別の部屋なら刺激が少ないため、同室と比べれば落ち着いてすごすことができます。

14 愚痴を言えたり、相談できる場所を複数持つ

HSPさんは、複数の依存先を持ちましょう（「依存」というと悪いイメージなら「集中できるもの」「夢中になれるもの」と言い換えてもいいかもしれません）。人は何かしらに依存せずに生きてはいけない生き物です。第3章でもお話ししましたが、

たとえば恋愛関係はお互いが依存関係になりやすい、特殊な人間関係といえます。繰り返しますが、ＨＳＰさんは真面目で良心的な方が多いです。**言葉を変えれば、頑固で固定観念に縛られやすく、完ぺき主義になりやすい**といえます。

- **愚痴をこぼすことは悪いこと**
- **できる限り自分でなんとかする**
- **自分が変わればきっと他人も変わってくれる**

こう考えがちなのです。この状態だと、自分を責めやすくなるんですね。

人は、愚痴を言うことによって、敵対心や理不尽な思いを解消しています。叱られたり、忙しくてミスをしたときに「いやいや、でも私は頑張ったでしょうが!?」と反発したことはありませんか？　こうした感情を外に吐き出せないと自分を責め、自分を憎しむようになります。

普段、愚痴を言わない人に限って、自分を受け入れてくれた人にはせき止めていた水があふれ出すように愚痴を言います。それだけ、抱えていた敵対心や理不尽な思いがたまっていた証拠です。でも、愚痴を言われたほうは疲れてしまい、あなたを避けるようになるでしょう。この経験から人が怖くなるHSPさんもいらっしゃいます。依存先（頼れる人や場所）が多ければ、特定の相手だけに負担をかける結果にはなりません。

愚痴を言える人が大勢いる、ミスをしたり失敗したときのストレス解消方法がある、気軽に使えるカウンセリングサービスを確保している――こういう状態にしておけば、「いざとなったらあそこがある」と思えるため、安心感につながります。

愚痴を言える場所・相談できる場所を複数持つことが心理的な安心につながり、人に対しても本心をぶつけやすくなるのです。

15 スマートフォンを使えない「苦手キャラ」になる

HSPさんに多い失敗の1つが、気軽に連絡先を教えてしまうことです。 連絡先を教えると、いつでも連絡を取れる状態になりますよね。SNSのアカウントなどを教えることは、一種の監視状態をつくることになります。「毎日DM（ダイレクトメッセージ）が届いてノイローゼになりそう」と言う方もいました。

HSPさんはLINEで返信する際も、けっこう悩んでしまいます。どう返信すればいいのか30分ほど悩んでしまうことなど、よくあること。そして相手からの返信が遅いと、「嫌われたかもしれない」と感じてしまいます。

連絡先さえ教えなければ、自分の時間をすごしやすくできるでしょう。仕事など必要なもの以外は、連絡先を教えないようにしましょう。

連絡先を教えないコツは、スマートフォンを多用しないこと。「普段からスマートフォンを使わないので、私の連絡先を知っているのは家族くらい」というキャラになれば、相手も無理に「教えて」とは言いません。せいぜい「変わり者だな」と思われる程度です。

この、「変わり者」と思われるのがつらいというHSPさんもいらっしゃるでしょう。でも想像してほしいんです。相手にいい印象を持ってもらいたいがために、毎日苦しんだり悩んだりするのって、悲しいじゃないですか。

大事なのは、他人ではなく自分です。

私も、LINEはほとんどの人に教えていません。プライベートを守るという気持ちがあるため、仕事上でもLINEの共有をお断りしています。

一度、スマートフォンの電源を切って生活してみましょう。どれほど気がラクで快適か、おわかりいただけると思います。

16 他人との関係性をゆるくする

この章で、所属欲求とグループのお話をしました。それに関連する話ですが、グループに参加せずに所属欲求を満たすコツは、人とゆるい関係性を持つことです。

ゆるい関係性とは、「その場だけの関係。いつでも行けるし、行きたくないときは何も言わずにやめることができる」という関係性のことです。

わかりやすいのは、「行きつけのお店、なじみのお店」です。

行きつけの店では、あなたのことを店長さんや常連さんが知っています。会話になることもあるでしょう。でも、義務でもなければ強制力もありません。あなたが行きたいときに行けばいいし、話したくないときは話さなくても咎《とが》められません。いつでも待っていてくれます。

スポーツジムでも似た関係性をつくれます。月額支払いにはなるものの、いつでも参加できますし、その場だけの交友関係も生まれますから、所属感は満たされますよね。

HSPさんは、約束や決まりなどに対して「守らないと」という使命感に駆られ、疲れてしまいます。人との関わりを、もっとゆるく考えましょう。

ゆるい関係性がたくさんあると、無理なグループ参加・友達づくりをやめることができます。疲れたときは休めるし、寂しいときは行けばいい。人間関係のコントロールに役立ちますので、ぜひゆるい関係性づくりを心がけましょう。

17 いつでも断れる理由をつくっておく

断り下手、というのもHSPさんの特徴にはあります。断り下手なので人からいいように利用され、疲れてボロボロになっていきます。

仕事でも残業ばかり引き受けてしまい、他人にお願いできません。**与えるだけの社会関係になり、自分の時間・お金・労力が奪われます。**

ですからHSPさんにとっては、断り方を覚えるのは必須です。私も実践している断り方をいくつかご紹介します。

- 断る理由を伝えず、同じ言葉でただ断る
- 断る大義名分をつくっておく
- 与えた分だけもらう関係にする

まずは同じ言葉だけで断る方法です。これは簡単で、**「興味がありません」「断ります」「いりません」など、断る言葉だけ伝える**方法です。理由は言いません。

相手から「どうして買ってくれないの?」と言われても、「買わないので」とだけ答えます。

自分の意見を通したいタイプの人は、あなたの言葉を上手に利用して説得します。でも断る言葉だけでは説得材料がないため、議論・反論できず目的を達成できなくなるんです。これは、営業や勧誘されたときに有効な手段です。

次は「断る大義名分」です。断ることに罪悪感を抱くHSPさんは多いんです。そこで、断る理由をつくっておくことが必要です。

たとえば、スポーツジムを口実にするんです。ジムはお金がかかることですし、時間指定のエアロビ教室なども開催されています。つまり、スポーツジムも立派な予定なのです。残業や苦手なことへの誘いを断るときに「スポーツジムの予定があるの

で」と言えば、ストレスは少なくなります。**断るときは、「断る気持ち」を持って断ってください。断る前提でいれば、気持ちが葛藤しません。**あなたが「断るのは悪い」という気持ちになっていると、葛藤して気疲れが激しくなります。私も会社員時代は、スポーツジムを持ち出して残業を断ってきました。

そして最後が「与えた分だけもらう関係」です。**人間関係は、「与える・もらう」のバランスが取れていると良い関係になります。**「残業をやってもいいけど、あなたも別の日に残業してね」と伝えましょう。

自分だけがお願いされているとモヤモヤします。しかし、ほかの人が自分と同じようにお願いをきいてくれるだけで、モヤモヤは晴れます。

このときのポイントが、「口約束にしないこと」です。断り下手のHSPさんは、すでにずるい人に利用されている可能性が高いです。言葉だけ、口だけの約束だと、上手に断られてしまうでしょう。

「今日は残業を代わってあげるけど、○○の日にはあなたが代わってね。今から上司に伝えておくからよろしく」というように、既成事実にしてください。もし相手が約束を守らないずるい人なら、「じゃあいいや」とあなたに頼まなくなるでしょう。どちらに転んでもあなたにメリットがあります。

18 見た目を整える

以前、『人は見た目が9割』(竹内一郎著、新潮新書)という本がベストセラーになったことでもわかるように、人は外見で人を判断します。会話内容やコミュニケーション方法で悩むHSPさんが多いのですが、まずは外側を整えましょう。

アメリカの心理学者アルバート・メラビアン氏の研究では、会話する人が聞き手に与える印象は「話している内容」が7パーセント、「話し方や声のトーン、声の大小など」が38パーセント、「表情や立ち居振る舞い、見た目、清潔感など」が55パーセントとなっています(メラビアンの法則)。

話す内容を整えるより、見た目を整えたほうが好印象ということです。同時に笑顔や堂々とした立ち居振る舞いができれば、印象が9割以上アップします。

外見を整えるコツは清潔感です。 どれだけ格好いい男性でも1週間お風呂に入らず、泥だらけのスニーカーを履いているような人は、眉をひそめられるでしょう。ですから、次のようなことを心がけましょう。

- 清潔感のあるファッションをする（シンプルな服装）
- お風呂に入り、髪の毛を整える
- 適度に運動する
- 相手の目を見て爽やかに挨拶する

これらは事前に準備できることです。ＨＳＰさんは深く考え込む特徴から、ネガティブ思考になる方が多いです。ネガティブ思考とは「準備・備える思考」なんですね。事前にやれることはやっておく、ということは、ＨＳＰさんの不安を改善しやすい対策になります。

清潔感について不安があるなら、各種専門家を頼りましょう。髪型は美容師さんにお願いすれば大丈夫。ファッションもスタイリストさんが服を送ってくれるサービスがあります。体型ならパーソナルトレーナーさんやYouTubeの運動系チャンネルを使えば解決できるでしょう。

こうすればちょっとラクになれる・マインド編

19 想像の最後をハッピーエンドにする

ＨＳＰさんは些細なことにこだわって、いつまでも深く考え込んでしまいます。**その結果が寝る前の一人反省会。今日あったいやなことを思い出し、自分を責め、明日が怖くなっちゃいます。**

このネガティブな想像をやめるコツが、ハッピーエンドです。一人反省会の結果、明日やらかすかもしれないミスや、起こるかもしれない失敗を想像して頭を抱えます。しかし**一人反省会は「想像でしかない」んですね。想像なら、ポジティブな想像をすることもできるでしょう。**

明日が初デートなら、最高のデートで終わる可能性があります。仕事でも、いやな仕事がキャンセルになったり、嫌いな上司が休む可能性もあるじゃないですか。

人は、ネガティブなことを考えると自分が「悲劇の主人公」になったようで実は気持ちよくなってしまいます。その気持ちよさを持続させるため、脳が連鎖的に悪いことを想起するようになり、それでますます気持ちいい状態になってしまうんですね。この間違った感覚を正すのが「ハッピーエンド」です。

映画を想像してください。前半が暗い内容だったとしても、最後に主人公が幸せになると温かい気持ちで終われます。終わりがいいと、それまでの苦しい過程も素敵なものに感じられるんですね。

ネガティブ思考でぐるぐる悩んでしまうときは、想像の最後をハッピーエンドで終わらせましょう。

20 つらいときは脳に新しい刺激を与える

仕事でミスをしたり、恋愛がうまくいかないなど、人生にはつらいときがあるものです。HSPさんは、つらさも人一倍感じやすく、自分を責める理由をみつけようとしがちです。

これを改善するには、思考傾向のバランスを意識することです。HSPさんはどちらかといえばネガティブ思考が強く、ポジティブ思考が1〜2割ほどで、ネガティブ思考が8〜9割です。これを**ポジティブ3割・ネガティブ7割にしてほしいんです。**ポジティブの割合を「+1」してください。

ネガティブ思考が癖になっていることに気づき、改善しようとすることが必要です。同じことを繰り返し考え、悔やんでしまう状態から抜け出すには、まったく違う刺激を与えることが有効です。

たとえば、自宅で物事を考えると新しい発想は浮かびません。刺激が少なすぎるからです。ほかの刺激がなければ、つらい出来事ばかりを繰り返し思い出すでしょう。

一歩外に出れば刺激にあふれています。見知らぬ人とすれ違うだけでも刺激ですし、雨のにおいや心地よい風など、リラックスできる刺激も豊富です。

失恋を想像してください。失恋後は元恋人のことばかり考えるものです。しかし、ほかに打ち込めるものをみつけると、元恋人のことを考える時間が減りますよね。このイメージで、自分の気持ちをコントロールしていきましょう。

ココヨワコラム④

自分のトリセツをつくろう

ＨＳＰさんは、人一倍気疲れしやすい傾向があります。いろいろなことに気づいてしまい、しかも無視できないからです。つまり、ＨＳＰさんは常に高度な体験をしているといえるでしょう。

心の疲れを意識できる人は、深刻に悩みません。生きづらさや漠然とした不安を抱える方の多くは、自分の気疲れを意識せず無理をしてしまいます。そこで気疲れのサインを見逃さないことが必要です。

私はＨＳＰさんの相談を受けていて、さまざまな気疲れのサインがあることに気づきました。

●音や光に普段より敏感になる
●人の機嫌を気にして、媚《こ》びを売ったり愛想をよくするなどの行動をする
●ため息が増える
●気づいたら考え込んでいる
●寝る前に一人反省会をして、ネガティブな体験の想像を繰り返してしまう
●人間関係をリセットする（急に連絡先を消す、音信不通にするなど）
●集中力が途切れたり、楽しいこともあまり楽しいと感じない
●自分を守るため、どんな意見でも拒否したり、攻撃的な対応をしてしまう

特に音や光に敏感になることと、他人の機嫌を気にして干渉的になることに注目しましょう。たとえば、飛行機の音です。普段は「うるさいなぁ」程度にしか感じないのに、悪態をついて攻撃的な気持ちになってしまうようなら、気疲れしているといえます。

また、心に余裕があれば、他人の機嫌など気になりません。でも、心に余裕がないと自分を守ろうとしてつい相手に干渉し、攻撃されてますます気疲れします。

もちろん、今挙げたのは一例にすぎません。気疲れしやすいことを知り、気疲れした日のメモを取ることが効果的です。

仕事でミスをした日は、帰宅後グッタリしてソファーで動けなくなることもあるでしょう。でも、「ソファーでグッタリしているんだから気疲れしているな」と判断することができます。

HSPさんは、自分だけの「トリセツ」（取扱説明書）をつくりましょう。そして、気疲れしたときに何をしたら改善したのか、ストレス解消方法もメモすると、これからの気疲れ対策に役立ちますよ。

ちなみに私は、気疲れした日は早く眠るようにしています。疲れたときに考えても、いい考えが浮かびにくいですからね。こんな簡単なことでも、立派な対策になるんです。

「ストレス解消法」と聞くと、難しいことを考えがちですが、運動習慣など、当たり前のことが有効です。ぜひお取り組みください。

第5章

ほかでもない、自分自身の幸せな未来を築くために

心の豊かさで選択しよう

本書では、HSPさんができるだけ気持ちよく、安心して生きられるようにさまざまなアドバイスをさせていただきました。

また、**HSPさんは環境の影響を強く受けがち**、ということもおわかりいただけたと思います。この章では、それらをまとめた、未来志向的なお話をしていきたいと思います。

環境の影響を受けやすいといえば、子どもたちです。たとえば、繊細な子どもたちは「変化や困難に弱い」といわれています。最近の研究では、「良くも悪くも影響を受けやすい」ということもわかってきました（東京大の飯村周平氏とお茶の水女子大の岐部智恵子氏の研究発表より）。これはつまり、「良い影響を受けられる環境ではポジティブになる」ということでもありますね。

本書でも、環境の大切さは繰り返しお話ししてきました。「環境を変えるのは難しいので、自分に合った環境を選びましょう」というアドバイスもさせていただきました。その環境選びのポイントとなるのが、**心の豊かさ**なんです。

HSPさんは、感動しやすく、いろいろなことに喜べる方が多いようです。これは、環境が良い方向に向いている証拠です。

- **思いきって一人暮らしを始めたら毎日が楽しく感じられるようになった**
- **協調性のある会社に転職したら仕事が楽しくなった**
- **給料は少ないけど責任の軽い仕事を選んだら、些細なことで喜べるようになった**

人はつい見栄を張って、自分には無理な、ハードルの高い選択をしてしまうことがあります。ほどほどに働きたいのに、人から「すごい」「さすが」と言ってもらいたいために、能力以上の仕事に手をつけたり、オーバーワークしないとついていけないような会社を探してしまうこともあるでしょう。

そんな背伸びをした選択ではなく、心がホッとするもの、ワクワクして楽しくなれるもの、笑顔になれるような選択をしてほしいな、と思います。

もしかしたらそれは、ほかの人からの嘲笑や、マウントの対象になるものかもしれません。でも、**勇気を持って自分の選択を信じてほしい**んです。

良い刺激・良い影響を求めよう

環境に左右されがちといえば、たとえば学校生活です。友人らとケンカしつつも笑い合ってすごせる、悩みは先輩や先生が親身になって相談に乗ってくれる――こんな環境なら、ＨＳＰさんは良い影響を受けるでしょう。１人で悩みを抱え込む回数も、減るかと思います。

しかし逆に、先生が威圧的で高圧的、部活動の顧問と相性が悪い、先輩が意地悪、友達関係がギスギスしているけど相談相手がいない――こんな状態だと、ＨＳＰさんはヘトヘトになってしまいます。

こうした環境で自分を責めるのではなく、できるだけ自分に合った環境にしましょう。これまで多くのＨＳＰさんのご相談にお答えしてきましたが、ＨＳＰさんが晴れ晴れした気持ちになれる環境には共通点があります。それは次のようなものです。

- 相談者がいる、または気軽に相談できる場所がある
- 愚痴を言える場所がある

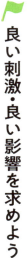

- 協調性がある、笑顔が多い（助け合う雰囲気がある）
- 一度にたくさんのものを求められない
- 結果が出なかったとしても責められない、過程をほめられる

打ち込めるものがあることも、良い刺激です。社会人であれば、家と会社の往復だけにならないような趣味や、競争にならないスポーツや運動などです。

また、会社での飲み会はつまらないと感じる方もいるでしょう。同じ飲み会でも、昔からの友人と一緒なら楽しく感じるのではないでしょうか。そう考えると、自分にとっての良い刺激・良い影響はどういうものかが見えてきます。

つらいことから逃げてもいい

ＨＳＰさんは、さまざまなことに気づいてしまいます。職場では「誰もお花の水をかえていないな。私がやらなくちゃ」「誰もプリンターの紙を補充しない。私がやっておこう」と、つい動いてしまう方も多いのではないでしょうか。

その結果、ＨＳＰさんの仕事が増えていきます。良かれと思ってやっただけなのに、

いつの間にか自分の担当にされ、責任が増えてしまうのです。誰かの役に立っていることはうれしいでしょうが、なんだかモヤモヤする気持ちもあるでしょう。

ＨＳＰさんは、無理に役立とうとしなくても大丈夫。もちろん、自分の仕事が少なく、余裕があれば行動してもかまいません。でも、自分の仕事をたくさん抱え、気疲れも激しいのに、あれもこれもと手を出したら、いつかパンクしちゃいます。

ＨＳＰさんの話を聞いていると、苦しい状況でも「人に申し訳ないから」「このくらいでグッタリしてはいけない」と耐える方が多いです。いやなことや面倒から避けることを「逃げ」「甘え」と感じてしまい、つらい状況を肯定するのです。

でも、そんなに無理をしなくても、毎日は進んでいくものです。普段から高度な気使いをしているＨＳＰさんなんですから、与えられたことはする前提で、少しだらしなくする、手を抜くくらいがちょうどいい働き方です。

世の中には、美しいものがたくさんあります。朝焼けや夕日を想像してください。美しいですよね。でも、**心に余裕がないと、身近な感動に目を向けることもできなくなります。**

ＨＳＰさんは小さな変化、小さな感動に気づいて幸せを感じることができます。そのためにも、良い刺激・良い影響を求めてください。そして、無理をしすぎないようにして、心に余裕を持ちましょう。

ポジティブなことに目を向けよう

多くのHSPさんは、世の中のネガティブなことに目がいってしまい、苦しんでいるようです。その理由の1つとしては、ネガティブなこと、損をすること、痛みを感じることに意識が向きやすい性格が考えられます。

SNSを想像してください。10人の人があなたをほめていたとしても、1人の否定的な意見に気を取られてしまい、ガッカリしてしまうのではないでしょうか。私にもそんな経験があります。

でも、ちょっと視点を変えると、世の中にはポジティブなことがあふれていることに気づきます。芸能人が結婚したニュースでホッコリした経験はありませんか？ 気持ちが疲れていたとき、可愛い動物の赤ちゃんの番組を見て気持ちが和らいだこともあるかもしれません。

人はその人の選んだものでできている、といわれています。今、あなたはネガティブなものに注目して、それを集めてしまっているんですね。

でもどうせなら、毎日楽しく笑って暮らせるほうがいいじゃないですか。

ＨＳＰさんは、良くも悪くも環境の影響を受けやすい、気づきやすい人です。それを前提として、ポジティブなものを集める、ポジティブなものに目を向けることが、毎日の幸せにつながります。

１日の最後に、その日あったいいことを書いてみよう

ポジティブなことに気づきにくいＨＳＰさんは、物事の悪い面や不安な面に注目してしまう性質なのかもしれません。これは、思考の癖（思考傾向）による可能性も考えられます。**ネガティブ思考の割合が強く、ポジティブ思考の割合が低いため、ネガティブなことに注目してしまう**のです。

ですが、多くの物事には良い面・悪い面の両面があります。

たとえば、好きな子に告白するとしましょう。「断られるかもしれない」「気持ち悪がられるかもしれない」という不安がある一方、「相手も好意を持っているかもしれない」「付き合えるかもしれない」という期待もあります。

もしネガティブなことを考えてしまうのなら、同時にポジティブな部分がないかも

調べ、両方が「見えるように」してみましょう。

また、思考傾向はちょっとしたことでも変えていくことができます。

- 肯定的な言葉を使う
- ポジティブな人の輪に入る
- 楽しかったこと、うれしかったことを書き出す

ポジティブ心理学を提唱しているペンシルベニア大学のセリグマン教授らは、毎日寝る前に、その日あったいいことを3つ書くということを1週間継続する、という実験を行いました。その結果、被験者は半年間にわたり幸福度が上昇したそうです。

独立行政法人経済産業研究所が実施した結果では、1か月後に肯定的な感情が増加したものの持続はしなかったそうですが、短期的には成果が出ています。

1日の最後に、その日あったいいことを書いてみる――ぜひ習慣として取り入れてくださいね。

自分の本心で決めよう

良い刺激・悪い刺激は、人によって違います。たとえば、ジェットコースターが好きな人にとってジェットコースターは良い刺激になりますよね。行列中もワクワクでしょう。でも苦手な人には、これ以上ないほどの悪い刺激。友達の誘いを断れなくて仕方なく行列に並んでいる間は、「いやだなぁ。自分の番がこなければいいのに」と思います。

あなたにとっての良い刺激を集めるためには、あなたが積極的に行動することです。他人の意見ではなく、自分の意見を取り入れることが必要です。

受け身だと、周りに選択権を与えることになります。誰かと遊びたいときも、あなたを誘ってくれる人を待つことになりますよね。それがずるい人、あなたを利用しようとする人だと、あなたには悪い影響を与えるでしょう。

でも、遊びたいあなたは、誘ってくれた人をずるい人と思いません。あるいは本心ではずるい人だとわかっていても、「そうじゃない」と言い聞かせて「誘ってくれたいい人」と感じてしまうかもしれません。そうすると、胸の中がモヤモヤして疲れてしまうでしょう。

HSPさんは、自分の手で良い環境をつくる、または良い環境に進む努力が必要だと、私は考えています。それほど難しいことではありません。今のまま、自分の本心に素直になろうね、ということです。

自分を観察してみよう

たとえば、仕事で残業をやりたくないとします。でも、「残業をしてほしいんだろうな」と相手の気持ちを慮《おもんぱか》って残業をしてしまう。これがHSPさんにとって悪い環境づくりです。

残業をやりたくないのなら、残業をしないようにすることが必要です。この場合なら、残業を受けないことですよね。

勉強が苦手だけどスポーツや身体を動かすのが得意なら、勉強で勝負せずスポーツや身体を動かすことに取り組んだほうが結果が出ますよね。結果が出れば気持ちがいいですし、毎日が楽しくなるでしょう。これも有利な環境づくりです。

有利な環境をつくるためには、自分を知ることです。

- 私は何がしたいんだろう
- 私は何が好きなんだろう、何にワクワクするんだろう
- どういう人生を歩みたいんだろう
- どういうキャラなんだろう

このように、自分について考えることを、「自己省察《せいさつ》」といいます。研究によると、自己省察によって自尊心が高くなり、心理的成長にもつながるといわれています。

仕事でも、あなたが「しっかり働いてたくさん給与がほしい」のか、それとも「ゆるく働いてのんびりすごしたいのか」で、選択は変わってきますよね。

自分に有利な環境をつくるため、自分についてよく観察してみましょう。

人は誰でも、自分を通して他人を見ている

他人の意見を真に受けていると、自分らしい選択ができなくなります。私がＨＳＰさんの相談を受けて感じることは、身近な人の意見に縛られている方が多いということです。

もちろん、真剣にあなたのことを考えた上での意見なら、検討する価値があります。でも世の中には、そうではない意見もあります。たとえば、あなたのために意見を言いたいのではなくて、自己満足したいため、自分が優位に立ちたいがために、あなたに意見を言う人です。

そういう人は、「そんなことも知らないの？」などと見下した発言をします。でも知らないことなら、こっそり教えてくれればいいだけの話ですよね。そういう意見を言う人に限って、人前やＳＮＳの不特定多数の人に触れる場所で、誰かを否定したり、侮辱するような発言をします。

そんな態度に出る理由は、他人に対する「嫉妬」だったり、「自分がうまくいっていない」という気持ちがあるからだと考えられます。自分が上に立ちたかったり、自

分を肯定したいから誰かを利用しているんですね。

このような意見を真に受けていると、「損」です。

私は、他人の意見で疲れているHSPさんには、次のようなお話をしています。

「あなたの人生、あなたの夢や憧れと、あなたを利用しようとする人に好かれるのとどっちが大事ですか？」

自分の気持ちをよくしたいからあなたに意見をする人のために、あなたの自分らしさを犠牲にしてしまうのは悲しいことじゃないですか。

あなたのためを思って意見してくれる人は、行動を見ていればわかります。誰かの意見を「取り入れるかどうか」は、あなたが相手の人柄を見て、あなたが決めていいんですよ。

他人と幸せ比べしない

人には「自己高揚動機」があります。ざっくりいえば、「他人より優れていたい」という気持ちのことです。こうした気持ちがあるから、人はつい自分と他人とを比較してしまうんです。

「アイドルのように活躍したい」「自分も特別なことができるんじゃないか」という理想と、現実の自分とを比べると、がっかりしてしまいますよね。

たとえば、あなたの友達が結婚したとしましょう。幸せそうな友達を見て、あなたも結婚したくなるかもしれません。でも友達は、「この人と結婚したいと思ったから結婚した」んです。だからあなたも、そういう人と出会うまで待っていて大丈夫なんです。さらにいえば、結婚があなたにとって不必要なら、しないという選択も可能です。

つまり、**ほかの人の「幸せ」があなたの「幸せ」でないかもしれませんし、あなたの「幸せ」がほかの人の「幸せ」というわけではないでしょう。**このことがわかれば、自分らしい、自分にとってよい環境を選びやすくなります。

他人より優れていたいという気持ちは、特に社会に出たときに感じやすいと私は考えています。

私も社会に出たときは、「自分の才能を試したい」とワクワクした気持ちがありました。

しかし現実は甘くありません。早朝から深夜まで働く日々で、その結果、体調不良になりました。

現在は、自分らしくのんびり働くという選択をしています。この選択を否定する人もいましたが、私は今までにないほど満足した日々を送っています。ということは、私にとっては今が良い環境なんですね。

あなたも勇気を持って、自分にとって良い環境を選んでほしいと思います。それは刺激の少ない環境かもしれませんし、物の豊かさから離れたものかもしれません。でも、あなたがあなたのために選んだ環境ですから、満足のいく生活につながりますよ。

自分を守る考えを身につけよう

HSPさんから、「何もかも引き受けてしまい、キャパオーバーして疲れてしまう」という話をよく聞きます。これは、いろいろなことに気づきやすいため、良かれと思って引き受けてしまうという性格からくるものでしょう。

たとえば、「喜んでほしいから」「誰もやらないから」「あの人が困っている気がして」などです。

人助けは、幸福感にも影響する素敵なことです。でも、人を助けた結果、自分が助

からない、自分がひどい目にあうなどの自己犠牲になってはいけません。HSPさんの人生そのものがおかしくなる可能性があります。

ですから私は、HSPさんに自分を守る考えを身につけてほしいと思っています。

- 「助けて」と言われてから助ける
- ルール化されていないものを勝手にやらない
- 大勢の前で1人を助けない
- 余裕がないなら他人を助けない
- 相手のために水準を落とさない（行きたい高校があるのに、友達と一緒がよくてランクの下がる高校に決めるなど）
- 耐えたり我慢し続けたりしない

たとえば、大勢の前で1人を助けたら、ほかの人も「助けて！」となるでしょう。このときに断れば、助けてもらえなかったほかの人たちはあなたを攻撃するかもしれません。

もちろん、自分にとって大切な人・親友を助けるのは大事なことです。でも、あなた以外の誰かでも助けられることを、あなたが無理にやる必要はないのです。**まずは自分の負担にならないよう、自分自身のことを考えてくださいね。**

変わりたいならまずは「引く」

ＨＳＰさんはただでさえ、さまざまなものに影響を受けやすいのに、自分にとってつらいことを集めていることがあります。

最近、ＳＮＳでの誹謗中傷が問題視されています。エゴサーチして、自分についての情報や投稿を探してしまうこともあるでしょう。もちろん、エゴサーチの結果が良い情報ばかりなら問題ありません。でも世の中には、あなたに悪意を持つ人は必ず存在します。つまり、検索するとあなたに関する悪い情報もみつかってしまうんです。

自分が繊細さを持っていると自覚しているなら、悪い影響を遠ざけることが必要です。**自分を変えるため、「足す」ことばかり考えてしまいがちですが、まずは「引く」ことが大事です。**

すでにお話ししたように、満員電車や行列はＨＳＰさんにとって悪い影響を受ける場面が多いです。マナー違反や不快な独り言、香水や整髪料などのにおいも気分を害する原因です。

「それなら、電車に乗らず行動できないかな？」と考えましょう。それが無理なら、時間帯をずらすだけでも満員状態の悪い環境を回避できるかもしれません。

つらい失恋をすれば、別れた恋人の写真などはつらいものになるでしょう。「あとで見たくなるかもしれない」と思わず、つらいんだったら捨てる。または誰かに預けることが、心の安定につながります。

怖いもの見たさで行動したり、「このニュースは知りたくない」という見出しの記事は開く必要はありませんよね。

「君子危うきに近寄らず」ということわざがあります。HSPさんも、「何かいやなものに触れるかも」と思ったら、このことわざを思い出して行動してみましょう。

繊細な自分を受け入れよう

自分を受け入れることは、簡単なことではありません。自分と向き合うのはエネルギーを使います。つらくなってしまう人もいるでしょう。「私は繊細じゃない！」と否定したくなることもあるかと思います。

でも繊細さは悪いことではありません。いろいろなことに気づけるからです。それは人の心の変化だったり、小さな好意、あるいは四季の変化などさまざまです。繊細な自分を受け入れることで、環境に目を向けることができます。

私が自身の運営するYouTubeチャンネルで、ＨＳＰの皆さんに「最近の楽しかったこと、幸せなことはなんですか？」と聞いたことがあります。70通を超えるコメントを頂戴しましたが、その一例をご紹介します。

- 春、美しい桜の中を歩いたこと
- 大好きな人とハグをした
- 試しに挑戦してみたかった絵画を始めた
- 習っていた英会話で上達が実感できた
- 3歳くらいの男の子が通りすがりに元気よく挨拶してくれた
- 模様替えして、好きな物や言葉に囲まれるようにした
- 季節の変化を感じた

さらには、「このような皆さんの楽しい話を聞いてうれしくなった」というお話も

いただきました。

あなたは、どんなことが印象に残っていますか？　あなたがこれまで経験した、自分の出来事に目を向けましょう。

さまざまな経験があったと思います。友達の些細なひと言で深く傷ついてしまったこと、ついついお節介な行動をしてしまったこと、逆に感受性豊かで感動しやすいこともあったかもしれませんね。

今まで苦しいことが多かったのなら、苦手な環境に身を置いていたからです。そうしたことに気づけば、方向性を変えることができます。

繊細さは「弱点」ではなく、立派な個性なのです。そんなあなたの個性、あなたらしさをどうやってあなたの人生に活かすのかを考えてください。

1日単位で人生をとらえよう

HSPさんの多くが、未来について不安を抱えています。それは5年後のこともありますし、なかには20年先のこともあります。

人生がつらく悲しい状態になっているとき、私たちは「一発逆転」を狙おうとします。しかしそれは、現実的なことではありません。

人生は小さなことの積み重ね、毎日の結果なんです。5年あれば難しい資格を取れるかもしれません。10年あれば、まったく違う人生を送れる可能性があります。5年、10年って、そのくらい長い時間です。今の私たちが想像できない要素が多すぎるんですね。

想像できない時間を考えるより、まずは1日単位で人生をとらえてみましょう。

- 疲れた日は外出などで気分転換する
- 余力が残っている日は勉強や、やりたかったことをする
- つらく、悲しいことがあった日はすぐにあなたを思ってくれる人に相談する
- あまり楽しくない日々が続いていたら楽しい予定をつくっておく

これなら実践できそうですよね。こうして毎日暮らしていけば、楽しい日々を積み重ねながら未来に進んでいくことができるでしょう。

ルーティーンを見直してみよう

環境と同じくらい変化があるのが、習慣です。環境で習慣も変わりますし、習慣で環境も変えられます。

公園に散歩に行くとしましょう。

- 何時に行く？
- 何を着ていく？
- 何時間いる？

これで状況は変わりますよね。朝散歩するのと夜散歩するのでは、出会う人も変わりますし、曜日によっても違うでしょう。

もし、人目が気になってしまうのなら、人のいない時間帯に散歩する習慣にすれば気疲れしませんよね。

人は小さな習慣で生きています。習慣を整えるためには、ルーティーンを見直すことが必要です。最近は芸能人の方のYouTubeのルーティーン動画が人気ですよね。

あなたも同じように、自分がどういうルーティーンをしているのか見直してみましょう。

そして、**つらい日々が続いているのなら、環境と同じくルーティーンも見直してみることです。習慣を1つ変えるだけでも、違いが実感できると思います。**

HSPさんに限った話ではありませんが、取り入れてほしいルーティーンが2つあります。**「運動」と「睡眠時間の確保」**です。

運動に関していえば、第4章の⑦でもお話ししたように、「自転車移動」や散歩の時間をつくるのを心がければいいでしょう。

また、睡眠時間は重要です。2019年の第60回日本人間ドック学会学術大会で、1万9181人に生活習慣とストレスの影響を調査しました。強いストレスを感じている人は、「睡眠で十分休養が取れている」という回答が非常に低くなっています。

音や光に敏感なHSPさんなら、「音の静かな物件に引越す」という選択もあるかもしれませんね。

今日よりホッとできる楽しい明日を目指そう

人生は、毎日の積み重ねです。遠い未来のことを考えるより、よりよい明日をつくっていくことを考えるのがポイントです。ですから、今日よりホッとできる楽しい明日を目指してほしいと思います。

ホッとできる暮らしを目指すには、**今すぐ解決できる用事があったら終わらせること。人間関係があまりに多く、複雑になっているのなら減らしてみましょう。**こんなことが、刺激の少ない真っ白な環境をつくってくれます。

ですが、刺激が少なすぎるのもよくありません。あなたにとって良い刺激を加えることが、楽しい明日につながります。

今、やってみたいことはありませんか？

- 新しいファッションに挑戦したい
- 会いたい人がいる
- 楽器を演奏してみたい
- 日向ぼっこがしたい
- 天体観測がしたい
- 誰かとハグしたい

もちろん、難しいこともあるでしょう。お金がなければ楽器を買うのは難しいですし、体力がなければ長距離ジョギングは難しいです。でも、簡単に始められるものもあると思うんですね。

そういう「やりたいこと」を積み重ねることが、あなたらしい人生につながります。やりたいことをやっているのだから、楽しいですよね。あなたの笑顔につられて、あなたを肯定してくれる方が集まります。

あなたを中心として、決して多人数ではないけれど理解者が集まってくれれば楽しいですよね。ＨＳＰさんは立派な個性。大事に受け入れて、よりよい日々に向けて進んでいってほしいと思います。

ココヨワコラム⑤

コロナ禍におけるＨＳＰさん

コロナによる生活様式の変化も、ＨＳＰさんにさまざまな影響を与えています。
でも、悪影響だけでなく、良い影響もあるのがポイントです。

良い影響としては、ソーシャルディスタンスが代表的なものでしょう。

- 苦手だった人間関係が減った
- 人混みが減り、快適になった
- 人との物理的な距離が保ちやすいので安心
- テレワークが増え、職場の人間関係の疲れが減った
- 無理な外出が減り、人と比べる回数が減った

特に、人間関係のメリットについて、たくさんのご報告を受けています。今まで無理していた人間関係がなくなり、快適になったためですね。

逆に、やはり悪い影響のご報告もあります。

- 皆ピリピリしていて怖い
- 人と相談できる空間が減り、悩んでいる
- 気分転換しづらい
- 人混みでのノーマスクなど、マナー違反が目につく

刺激追求型のＨＳＰであるＨＳＳ型ＨＳＰさんからは、コロナ禍で燃え尽きたように動けなくなった、というご相談もありました。今までのコロナ以前の環境で良い影響を受けていたＨＳＰさんには、悪い影響となったようです。

マスクで表情が見えなくなった点も、良し悪しがあります。会話がしやすくなっ

た、自分の顔が見られなくなったことで安心したというHSPさんもいます。ですが、相手の表情が見えないので不安が強くなった、という意見もあります。

今回のような強制的な環境の変化は、得るものが多いと私は思います。良い部分・悪い部分は、人それぞれ違うでしょう。これをメモして、今後の人生に役立てることが必要です。

特に、人間関係について学びましょう。コロナ禍の影響で、良くも悪くも人との接触時間が減ったと思います。人間関係が減ってホッとしているのなら、これまであなたの周りにずるい人が集まっていた証拠です。逆に「人と話したい」と思うのなら、良好な人間関係が多かったのでしょう。

この機会に、ずるい人間関係を切ってしまうのも有効です。HSPさんにとって悪い刺激の少ない環境は、心が安らげる時間。今、心が落ち着いているのなら、今の状況を維持していくことです。

テレワークで働きやすくなったのなら、この先もテレワークできる仕事が続けられるよう、努力していきましょう。

巻末特典

すぐできる
タイプ別
HSP気質診断

HSPさんには、実はいくつかのタイプがあります（HSP、HSS型HSP、HSE、HSS型HSE。p25参照）。好奇心旺盛で刺激を求める人や、社交的で外では明るい人でも、一方では繊細な気質を持っているんです。

これは、私が相談者様の声を基に作成した簡易診断テストになります。わかりやすく点数で強さを判断できるようにしました。それぞれの項目を素直な気持ちでチェックしてみてください。

もしかしてHSPさん？診断

- □ 機嫌の悪い人が近くにいると疲れてしまう
- □ 他人が叱られているのに、自分が叱られているように感じる
- □ 美しい風景を見ると泣きそうになる
- □ 痛みを感じること、痛みを感じる映像などに敏感
- □ 刺激が増えすぎると、1人になりたいと思う
- □ 強い光や音、においに反応しやすい
- □ 小さなことで大きな幸せを感じる
- □ 肌触りの良いもの、優しさを感じるものに囲まれたい
- □ 芸術に深く感動する
- □ 誠実で親身だと言われる
- □ 行動前に考え込んでしまう
- □ 一度にたくさんのことを頼まれると、何をすればいいかわからなくなる
- □ 空気を読みすぎて空回りする
- □ ミスや、まさかのことをよく考えている
- □ ネガティブなニュースや見出しを見ないようにしている
- □ 冷蔵庫やエアコンの音が気になる
- □ 蛍光灯の強い光が苦手
- □ 変化に対応するのが苦手
- □ いつもと違う場所は寝つけない
- □ 穏やかで安定した暮らしを望んでいる
- □ 人に見られていると実力を発揮できない
- □ 幼少時代から「繊細だ」「驚きやすい」と言われていた
- □ 集中するとほかが見えなくなる
- □ 環境に左右されやすい
- □ 1つのことでたくさんのことを想像する

あてはまる項目にチェックを入れてみてください。次のページに診断結果があります。

診断結果

5〜9個あてはまった

あなたは低度のHSPさんです。

強く環境に左右されるわけではないですが、動揺してしまうケースもあるでしょう。1人の時間をつくるなどして、心に余裕を持つ考え方を取り入れてみましょう。

10〜15個あてはまった

あなたは中度のHSPさんです。

繊細な部分があると考え、それを活かした生活スタイルを整えましょう。美しいもの、肯定的な意見を集め、心が豊かになる方向に進むと繊細さを有効に使えます。

16個以上あてはまった

あなたは強度のHSPさんです。

かなり繊細な部分を持つ方です。環境に強く左右されるため、人と同じことでも圧倒される可能性があります。しかし、良い影響も強く受けます。あなたを大切に思う人を大事にして、優しく生きる考え方を取り入れていきましょう。

もしかしてHSS型HSPさん？診断

- □ 新しい、面白い体験をしてみたい
- □ 興味のない話は退屈だ
- □ 知らないお店や土地に行くほうが行きつけのお店に行くより楽しい
- □ 法律に反しない範囲内で刺激的なことがしたい
- □ 1人で海外旅行をしたいと思う
- □ 革新的、天才肌と言われる
- □ 独自のアイデアを思いつき、それを実践する
- □ ずっと家の中にいると疲れる
- □ 新メニュー・新製品が好きだ
- □ 人と違ったことがしたい
- □ 飽き性、見栄っ張りと言われる
- □ 行動を止められないときがある
- □ 家と会社の往復だけの生活は信じられない
- □ たくさんの人と恋愛をしたい、恋愛肌と言われる
- □ 探検や冒険などの言葉に弱い
- □ 同時に複数の仕事に取り組みたくなることがある
- □ 世の中はワクワク感にあふれていると思う
- □ 急に疲れ燃え尽きてしまうことがある
- □ 知らない人と話してみたい
- □ リスクを負うことを好むときがある
- □ 適度な刺激がないと疲労感がある
- □ 子どもの心を持っていると思う
- □ 絶景を見るためなら困難な道のりも耐えられると思う
- □ 行動が変わっている、予測できないと人から言われる
- □ 変わり者と言われるが、それを否定せず喜ぶ傾向がある

あてはまる項目にチェックを入れてみてください。次のページに診断結果があります。

診断結果

5〜9 個あてはまった

あなたは低度のHSS型HSPさんです。

好奇心や刺激に対しての興味をお持ちですが、強いものではありません。余裕のあるときに行動力を発揮できる部分がありますので、行動したいときに興味のままにしてみる。積極性を出すなどして、ご自身の個性を活かしましょう。

10〜15 個あてはまった

あなたは中度のHSS型HSPさんです。

好奇心や刺激に対して興味をお持ちとはいえ、繊細さも持っています。心の余裕や疲れにより、慎重になったり行動したくなったり。揺れ動く気持ちがあるかと思います。どういうときに積極的になれるか、ご自身に目を向けて研究をしてみましょう。

16 個以上あてはまった

あなたは強度のHSS型HSPさんです。

刺激を好み、好奇心が旺盛。さまざまなことにも気づけるため、天才肌と呼ばれることもあるでしょう。しかし、情報が多く疲れてしまうこともあります。飽き性で物事が続かないこともあるでしょう。疲れる前に休むなど、ご自身のコントロールが大切です。

もしかしてHSEさん？診断

- □人が好き、人に興味がある
- □人と長時間一緒にいても疲れない
- □家の中で閉じこもっていると数日後に疲れてしまう
- □人と一緒に何かしたいと思う
- □望まないが、リーダーを任されることがある
- □人に上手に感情を伝える手段を持っている
（笑顔、楽器演奏、会話が好き、ボディタッチなど）
- □人からの誘いは断らない
- □知らない人に会いたいと思う
- □人を助けたい、人の役に立つことがしたい、それを仕事にしたいと思う
- □教える立場になることが多い
- □和を乱す人がいると怒りを覚える
- □協力関係がないとやる気を失ってしまう
- □手を差し伸べずにはいられない
- □人と一緒に何かをするが、先に飽きてしまうことがある
- □楽しいことでも疲れてしまい、帰りたくなることがある
- □社会貢献をしたいと思う
- □自分がつくったものを守るため、異議を唱えたり強く反論することがある
- □人と関わる仕事（または人と接する仕事）をしたいと思う
- □人を助ける代わりに助けられたい、わかってもらいたい気持ちがある
- □人から依存されやすい、利用されやすい
- □話すことで自分を知り安心できる
- □しばらく誰とも会わず休みたいと思うときがある
- □感謝を受け入れることができ、感謝で気疲れが解消する
- □表情が豊かで人から話されやすい
- □結果的に大多数の人と関わることになり疲労する経験がある

あてはまる項目にチェックを入れてみてください。次のページに診断結果があります。

診断結果

5〜9個あてはまった

▼

あなたは低度のHSEさんです。

あなたは少し外向性や調和性をお持ちです。人は人との関わりなく生活することはできません。自分を大切にしつつ、無理ない範囲内で人との関わりを求めましょう。ときには会話以外でのコミュニケーションも有効です。

10〜15個あてはまった

▼

あなたは中度のHSEさんです。

あなたは外向性や調和性をお持ちです。しかし繊細さもありますので、あまりに多くの人と関わることで疲れてしまうこともあるでしょう。1人の時間で自分を整えることも必要です。人助けに憧れを持つときは、余力の中で行うなどルール決めして生活をしてみましょう。

16個以上あてはまった

▼

あなたは強度のHSEさんです。

社交性や明るさを持ち、多くの人があなたのもとに集まる可能性があります。しかし、人との関わりを望むがあまり、自分なりの考えを疎かにすることもあるでしょう。人を大事に思うくらい、自分の時間も大事に考え生活を整えていきましょう。

なお、HSEとHSS型HSP両方の点数が高い場合には、HSS型HSEさんの傾向があると考えられます。

おわりに

これまでに多くのＨＳＰさんと関わってきました。相談にお答えするなかで感じたのは、「良心的でとても優しい」ということです。相談だけでなく感謝の言葉を送ってくれる。相談の中に気づかいの言葉を入れてくれる。そんな優しさに私自身も救われています。

さまざまな媒体で発信活動を続けていると、誹謗中傷のような言葉が届くものです。**しかし、ＨＳＰさんに向けた発信では驚くほどそれがありません。**皆さん同士も共感しあい、仲間意識を持ち、楽しく会話されています。

こうした事実を見ると、「人を思いやる気持ちのすばらしさ」を感じずにはいられません。日々の活動を通じて、**ますますＨＳＰさんのことが好きになっています。**原稿を書くときもあたたかい気持ち、少しでもＨＳＰさんの役に立ちたい気持ちでいっぱいでした。

ＨＳＰは大切な個性。どう活用するかがポイントです。これからも、さまざまな活動を通じて、ＨＳＰの皆さんに「こういう生き方もできるよ」という実例となるよう努力を続けていきたいです。

さらに、ＨＳＰさん同士が気軽に会話できるコミュニティを立ち上げ、全国各地でＨＳＰの皆さんと実際にお話しする機会も設けたいと考えています。また、ＨＳＰの学生さんに向けて助けになるような活動ができないかとも模索しています。

こうした活動的なお話をすると、「無理しすぎじゃないですか？」という思いをお持ちになるかもしれません。実際に皆さんから、ＳＮＳなどのコメントや感想の中で、アドバイザーである私に対して逆に健康面を気使っていただいてしまい、恐れ入ります。

そうなんです、**私自身も繊細な部分を持っています。ですので、変化とともに気疲れしやすいことを前提として、ゆっくり休みつつ作業を進めています。**

休むことの大切さ。家庭や身近な人を大事にするすばらしさ。そういう部分も皆さんにお伝えしていければと考えています。

今の時代、情報化社会で刺激が多く、コロナ禍、相次ぐ災害、未解決の働き方改革と、ネガティブなこともあふれています。HSPさんにとってはとても生きにくい時代です。

ただでさえ誰もが苦しい状況で、マウントする人や怒鳴り散らして当たってくる人も多いでしょう。そんななかで人を思いやり、さまざまなことに気づく繊細さを持ち続けるのは大変です。

大変ですが、どうか大事にあたためてほしいなと思うんです。

「自分の個性を他人も持っている」と思い込んでいる方が多いですが、そうではありません。繊細さもやさしさも、全員が持っているものではありません。

HSPさんはその気質を持って生まれました。

悩みがあるからといって、自分の大切な個性を捨てることはありません。それよりも、**自分の個性を活かす環境をつくり出す**ことです。

私は20代の頃、自分が嫌いで仕方ありませんでした。それは思いどおりにいかない悔しさであり、わかってほしい・愛情が欲しい叫びだったなと感じています。

ですが、自分の生きる方向性を変え、わかってくれる人を大切にして笑顔の日々を取り戻しました。**自分自身が変わったというよりは、環境を変えた結果、自分に良い影響が生まれたと考えています。**

あなたも、今までの経験のなかで、繊細さを活かした場面が必ずあったはずです。あなたの一言が誰かの心の助けになったこと。動物や植物、自然に優しく接してあげたこと……。どうか今一度、思い出してみてください。

本書をお読みいただいたＨＳＰさんが少しでも良い環境に向かって進み、将来「ああ、自分でよかった」と実感できる日が来たなら、とてもうれしく思います。

Ryota

〈STAFF〉
装丁／小口翔平＋加瀬梓(tobufune)
本文デザイン／LILAC
イラスト／米村知倫(Yone)
DTP／アーティザンカンパニー
校正／文字工房燦光
編集協力／高関　進

Ryota

HSP アドバイザー。メンタル心理カウンセラー、行動心理士の資格を持つ。自身も強度の HSP で、音大卒業後、1年に4回も転職する。
その後、癒しの音楽や心理学・ジェンダーを学んだ経験や自身の社会経験も生かし、メールマガジンほか、ブログ、インスタグラム、YouTube 等で、HSP の相談や仲間づくりに向けた活動を続けてきた。
行動心理に基づく HSP 向けの人間関係や良い環境づくりを発信。「相談をもっと身近に」「相談をもっと安価に」をモットーとし、これまでに応じた相談者の数は 1000 名以上にのぼる（2021 年4月 15 日現在）。

HP 「ココヨワ」https://cocoyowa.com/
Instagram ryo_shigoto
YouTube 「ココヨワチャンネル」

まわりに気《き》を使《つか》いすぎなあなたが
自分《じぶん》のために生《い》きられる本《ほん》
HSP気質《きしつ》を生《い》かして、幸《しあわ》せになる

2021年5月26日　初版発行

著者／Ryota《リョウタ》

発行者／青柳 昌行

発行／株式会社KADOKAWA
〒102-8177　東京都千代田区富士見2-13-3
電話 0570-002-301（ナビダイヤル）

印刷所／凸版印刷株式会社

●お問い合わせ
https://www.kadokawa.co.jp/（「お問い合わせ」へお進みください）
※内容によっては、お答えできない場合があります。
※サポートは日本国内のみとさせていただきます。
※Japanese text only

定価はカバーに表示してあります。

ISBN 978-4-04-680456-3　C0030